KB174719

과학
기술
철학
연구

　이 저서는 2012년도 전북대학교 저술장려연구비 지원에 의하여 연구되었음.

　금번 도서는 귀 출판사에서 시리즈로 출판되는 '과학문화연구총서'의 4번째 '과학문화연구-4'입니다.

과학
기술
철학
연구

정광수 지음

이담
Books

머리말

　대학시절 교양서적의 한 권으로 읽었던 - 지금은 책 이름이 기억나지 않지만 - 책의 한 구절이 생각난다. 그 책의 저자는 유럽 실존주의자의 한 사람이었던 것으로 기억한다. 그에 의하면, 서구의 역사에 많은 이름의 문예사조가 등장하지만 일반적으로 서구 역사는, 문예사적으로 볼 때 감성과 정서에 더욱 의미를 부여하는 '주정주의'와 이성과 지성에 그것을 부여하는 '주지주의'의 반복이었다는 것이다. '신화'의 시대는 자연현상까지도 의인법, 메타포 등을 사용하여 정서적으로 이해하였다. 아마 인간의 지식과 정보 축적이 상대적으로 적은 상황에서 여러 지적 호기심을 지적 이해보다는 정서적 이해를 통한 심리적 만족감으로 충족시킬 수밖에 없었을 것이다.

　하지만 인간의 이성과 지성이 활발히 활동하여 그 성과물들이 쌓이면서 '고대'는 점차 이성과 지성에 바탕을 둔 철학 즉 학문의 시대를 열었고, 유클리드, 탈레스, 파르메니데스, 헤라클레이토스, 데모크리투스, 소크라테스, 플라톤, 아리스토텔레스 등에 의해서 꽃을 피우게 되었다. 인간이 생물학적으로는 동물이지만, 가장 모범적인 인간이 가져야 할 특성으로 '이성'을 지적하면서, 아리스토텔레스는 인간을 '이성적 동물'이라고 규정하였다.

신 중심의 '중세'는 인간의 이성적 활동보다는 신앙을 더욱 중시하는 사회적 합의를 이루었다. 그리고 사랑과 같이 인간의 감성과 정서적 덕목을 더욱 중시하는 사회적 풍토는 이성보다는 상대적으로 감성과 정서를 더욱 가치 있는 것으로 받아들이게 되었다. 다시 말해, '주정주의'의 시대라고 말할 수 있겠다.

르네상스, 종교개혁, 과학혁명, 산업혁명을 거치면서 '근현대'는 신앙으로부터 이성으로, 교회에서 실험실로의 변화를 통하여, 지식들의 체계로서의 과학과 그 응용으로서의 기술의 시대를 맞았다. 그리고 인간의 지적 호기심도 정서적 접근이 아니라 과학적 설명을 토대로 지적 이해를 통하여 충족되었다. 즉 근현대는 '주지주의' 성향이 돋보였던 시대라 말할 수 있겠다.

그렇다면 우리가 살고 있는 최근의 '포스트모던' 시대는 '주지주의'의 연장선일까 아니면 종교는 아닐지라도 예술 등이 우세한 '주정주의'가 재등극하는 시대일까? 일반적으로 볼 때, 포스트모던의 특징은 이성, 지성과 감성, 정서의 '복합' 또는 '융합'으로 말할 수 있지 않을까? 과학과 예술이 만나고, 과학에서 상상과 직관적 요소가 얼마나 중요한가를 인식하고, 예술에서 관찰과 실험 그리고 과학기술의 도구적 사용이 얼마나 현실이 되었는가를 인식하면서, 이제 서로에 대한 배타적이기보다는 상호 보완적 태도가 스테레오타입화 되어 가고 있다. 포스트모던의 스테레오타입은 '주지&정주의'라고 해야 되지 않을까? 그래서 작금의 유행어 중에 '복합', '융합', '통섭', '소통' 등이 등장하고 있을 것이다.

학문의 영역에서도 이러한 추세가 일어나고 있다는 것은 이제 상식이 되었다. 복합학의 대표적인 것 중의 하나가 '과학기술학'(Science & Technology Studies)인데, '과학기술학'이란 자연과학(물리학, 화학, 생물학, 분자생물학, 천문학, 지질학 등) 그리고 기술 또는 기술과학(공학, 농학, 의학, 약학 등)에 대한 인문학·사회과학적 연구를 가리킨다. 대표적 세부 분야는 과학사, 과학철학, 과학사회학, 과학정책, STS(과학기술과 사회), 과학경영학, 과학저널리즘, 과학윤리, 과학문화, 과학심리학 등이라고 할 수 있겠다.

과학·기술과 철학이 만난 복합 영역에는 앞서 언급한 과학철학(Philosophy of Science), 기술철학(Philosophy of Technology), 과학·공학윤리(Science & Engineering Ethics), 과학기술에 대한 미학적 연구, 과학에 대한 형이상학적 연구 등이 있다. 이러한 분야들을 다 포괄하는 학문 영역에 대한 전문용어로 '과학기술철학연구'(Philosophical Studies of Science & Technology)가 적절할 것으로 보인다.

'과학기술철학연구'란 과학·기술을 대상으로 철학의 전통적 분류 영역 즉 '방법론'(논리학, 언어분석철학), '지식론'(인식론), '가치론'(윤리학, 미학), '존재론'(형이상학)의 시각에서 관련 문제를 다루는 복합적 학문 분야라 할 수 있겠다. 이 분야를 다시 세분해 보면, 과학·기술과 방법론, 지식론이 만난 '과학철학'(기술철학), 가치론이 만난 '과학기술윤리 & 미학연구'(Ethical & Aesthetical Studies of Science & Technology) 그리고 존재론이 만난 '과학형이상학연구'(Metaphysical Studies of Science) 등으로 나누어질 수 있겠다.

대학생 시절부터 박사학위를 취득할 때까지 '자연과학철학'에 가장 큰 흥미를 지니고 살았고, '철학과'가 아닌 '과학과' 그리고 '과학문화연구센터'에서 교육과 연구를 수행하면서 지내는 동안 일반적인

'자연과학철학' 외에 '과학과 철학의 만남', '과학기술의 철학적 이해', '시·공간의 철학', '생물과학철학', '공학철학', '과학기술과 윤리', '과학기술과 환경(윤리)', '인간복제와 윤리', '첨단정보기술과 윤리(·법)', '과학과 예술의 만남', '과학과 세계, 인간' 등과 접할 수 있었다. 대학에서의 삶이 이제 10여 년 남은 지금, 부족하지만 지금까지의 교육과 연구를 바탕으로 학술 서적 4권 집필을 시작하고자 한다. 계획된 책 이름은 『과학기술철학연구』(Philosophical Studies of Science & Technology), 『과학철학』(Philosophy of Science), 『과학기술윤리 & 미학연구』(Ethical & Aesthetical Studies of Science & Technology), 『과학형이상학연구』(Metaphysical Studies of Science)이다.

　머리말을 쓰고 있는 『과학기술철학연구』는 앞서 언급한 복합적 학문 분야 즉 '과학기술철학연구'가 무엇이고, 어떤 가치를 지니고 있는가, 그리고 어떤 주제들을 다루는가를 개괄적으로 설명할 것이다. '과학기술학'(Science & Technology Studies) 관련 학부 및 대학원 학생들의 교재(예를 들어, '과학기술에 대한 철학적 이해'의 교재)로 사용할 수 있도록 수준을 맞추었다. 그리고 앞서 언급한 향후 집필될 나머지 세 권 각각에서 해당하는 영역에 대한 보다 깊고 넓은 내용을 다루고자 한다.

　끝으로, 이 책 집필이 가능하도록 길을 열어 주시고 항상 많은 도움을 주신 오진곤, 김영식, 조인래, 임경순 교수님, 학과 동료 교수들, 학생들에게 깊은 감사를 드린다.

2012년 12월 밤

연구실에서, 집필을 시작하면서

::목 차

총론: 과학기술학이란 무엇인가

1960년대 초부터 세계 여러 나라는 과학·기술의 진흥시대를 맞이하면서, 과학연구 및 기술개발을 국가적 차원의 중요한 과제들 중 하나로 삼고 서로 경쟁 또는 협력을 기울여 왔다. 그 결과로 1967~69년에 정보통신 분야가 꽃을 피웠고, 나아가서 아폴로 11호의 달 착륙으로 과학연구 및 기술개발은 그 정점을 이루었다. 그리고 사람들은 과학 및 기술이 인류의 복리 증진에 큰 역할을 하고 있다고 일반적으로 믿었다.

한편, 새로운 무기들의 실험장 역할을 했던 베트남전쟁과 이에 의해 촉발된 학생운동을 시작으로, 인류에게 불행을 초래하고, 나아가 인류 멸망까지도 예상케 하는 과학·기술의 무분별한 사용과 그것의 원인을 제공하는 현대과학에 대한 비판의 소리가 흘러나오기 시작하였다. 더욱이 1970년대에 들어와서 공해의 심각성이 사회적 문제로 대두되면서, 과학에 대한 불신이 한층 더 확대되었고, 이러한 분위기는 과학·기술진흥의 주된 배경을 이루었던 경제성장지상주의에 대한 비판으로까지 연결되었다. 특히 제2차 세계대전 후 세계의 과학을 이끌어 온 미국과 유럽에서는 과학 및 기술에 의존도가 높은 현대사회의 장래에 대한 비관적 조류까지 형성되기 시작하였다. 심지어 과학·기술진흥정책 담당자들까지도 과학문명에 대한 위기의식을 표명하고 나섰다.

나아가 1990년대에 이르자 복제양 돌리의 탄생으로 상징되는 유전자 조작과 이에 바탕을 둔 유전공학은 이미 발생하였거나 발생할 수 있는 윤리적 문제를 대두시켰고, 인터넷과 같은 첨단정보기술의 오·남용으로 인한 프라이버시 침해, 해커들의 사이버 공격은 커다란 사회적 문제를 낳고 있다. 결과적으로, 과학·기술 문명에 대한 경계심은 더욱 강조되었고 지구촌시대에 살고 있는 우리들에게 이제 이 문제는 어느 한정된 국가의 것이 아니라 인류 전반의 것이 되었다.

과학과 기술이 우리 삶에 커다란 물질적·정신적 행복을 선사하였다는 것을 어느 누구도 부정할 수 없을 것이다. 하지만 때때로 과학, 기술 그 자체가 또는 그것들의 오용, 남용이 우리에게 불행을 안겨 주었다는 것도 역시 사실이다. 과거에는 그것들의 부작용이 명백히 드러난 후에야 그 문제를 해결하기 위한 접근들이 시도되었는데, 지금은 그것들이 발생시킬 가능성이 있는 문제들까지 사전 예측적 접근을 통한 해결을 시도하고 있다. 예를 들어, 스마트폰, 나노기술, 합성생물학, 로봇기술, 신재생에너지기술 등 '미래 과학기술에 대한 거버넌스'가 중요한 관심사가 되었고 인간 삶과 환경을 중시하는 '녹색성장'이 이제 당연시되었다. 최근의 지진과 지진해일(쓰나미)에 의한 일본 원자력 발전소 방사성 물질 유출 및 오염을 접하면서, 그리고 다양한 기상학적·생명의학적 자연재해의 원인인 기후변화 등을 인식하면서 문제의식은 더욱 고조되고 있다.

이와 같이 과학의 사회적 기능이 급증함에 따라서 '과학'이라는 학문의 성격 및 과학 활동의 모습과 역사, 나아가서는 과학과 정치·경제·사회·문화와의 관계 등이 새로운 학문연구의 주요 대상으로 대두되었다. 오늘날 과학의 내용이 복잡해지고 그 영향이 크게 확대됨에 따라 과학(기술)에 관한 본격적이고 전문적인 학문적 연구가 필요하게 되었다.

1964년 골드스미스와 맥키가 편집한 책 *The Science of Science - Society in the Technology Age*의 14장에서 프라이스는 과학을 대상으로 삼고 분석·연구하는 학문 분야들은 제각기 흩어져 있었지만, 부분의 총화보다는 커다란 하나의 전체로서 자리 잡음이 시작되는 징조가 보인다고 하였다. 그는 이 새로운 연구를 "과학, 기술학, 의학 등에 관한 역사, 철학, 사회학, 정치학, 경제학, 심리학적 기획연구"라 부르는 것이 좋겠다고 하고 이것을 '과학학'(Science of Science)라 이름 붙였다. 따라서 과학학은 과학사, 과학철학, 과학사회학, 과학정책학, 과학경제학, 과학경영학, 과학심리학 등 넓은 영역을 포괄한다. 즉 간학문적(interdisciplinary) 분야로서 자연과학과 인문·사회과학이 맞물려 있다.

'과학학'(Science of Science)이란 말은 1920~30년대 소련과 폴란드에서 나와 사회주의권에 퍼졌으나, '과학학'(Science Studies)이란 이름으로 본격적인 연구가 시작된 것은 1970년대 유럽과 미국에서이다. 과학학의 여러 분야 가운데 가장 기초를 이루는 '과학사'와 '과학철학'은 백 년 이상의 긴 역사를 지니고 있다. '과학사회학'은 1930년대 태동하였고 다른 분야들은 훨씬 뒤에 나왔다. 최근에는 이 분야들이 단순히 어우러져 느슨한 연합을 이루고 있는 것이 아니라 유기적인 통일체가 되어 가고 있다.

과학학은 다음과 같은 목표를 지니고 있다. 첫째, 과학의 성격과 그 활동을 역사적·철학적 이해에 기반을 두고 체계적이고 종합적으로 규명해 나감으로써 '과학의 본질에 대한 심층적 이해'를 이룩하고자 한다. 둘째, 과학의 발전 과정을 사회·문화와의 관계 속에서 올바르게 조망함으로써 '과학의 사회·문화적 측면의 이해'를 얻고자 한다. 셋째, 과학의 사회적 위치와 역할 및 사회와의 상호 영향에 대한 이해를 바탕으로, 과학 발전이 전반적인 국가 발전에 어떻게 직결되어 있고 효율적인 국가 발전을 위한 과학정책은 어떻게 수립되어야 하는가에 대한 깊은 이해, 즉 '과학의 국가 발전에 대한 역할의 이해'를 획득하고자 한다.

이러한 목표를 실현하기 위해서는 과학학을 체계적으로 연구하고 수준 높은 연구 성과를 얻어 내야 하는데, 그것은 과학학 분야의 연구와 교육이 몇몇 개인의 아마추어적 관심 및 호기심에 의해 수행되는 것이 아니라 대학에 제도적으로 정착되어야 함을 의미한다. 다시 말해서, 자연과학·공학·의학 등의 내용에 대한 기본적인 이해가 전제되어야 할 뿐 아니라, 그것에 바탕을 두고 과학사·자연과학철학·과학사회학·과학기술과 사회(STS)·과학문화·과학윤리·과학저널리즘·과학정책·과학심리학 등을 포괄하는 학문체계와 그것을 교육하고 연구할 조직과 제도가 형성되어야 한다는 것이다.

선진국의 예를 살펴보면 과학학 분야가 이미 대학에 제도적으로 정착되어 있다. 미국의 경우, 70여 개의 대학에 과학사학과가 설치되어 있는데, 그중의 여러 대학이 '과학사·과학철학과' 형태를 취하고 있다. 그리고 메릴랜드대학, 캘리포니아대학(어바인), 인디애나대학, 보스턴대학, 피츠버그대학, 미네소타대학, 스탠포드대학, 토론토대학 등에서 '과학철학과'가 활발히 운영되고 있다. 펜실베이니아대학 등에는 '과학사·과학사회학과'가 설치되어 활발히 활동하고 있고, 조지아공과대학에는 '과학정책학과'가 설치되어 있다. 특히, 캘리포니아대학(샌디에이고), 코넬대학 등에서 '과학학과' 또는 '과학기술학과'가 운영되고 있다. 일반적으로, 대학원에 학과가 설치되어 있었으나 최근에 매사추세츠공과대학, 노스웨스턴대학 등에서 학부까지 학과를 확장시켰다.

영국과 독일에는 25여 개 대학에 과학사학과가 설치되어 있는데, 영국의 경우에는 캠브리지대학처럼 '과학사·과학철학 협동과정'으로 이루어져 있는 것이 특징이고, 독일의 경우에는 '의학사학과'가 독립되어 있다. 그리고 미국보다도 먼저 런던대학(University College London)은 과학학 대학원과정을 학부까지 확장시켰다. 서식스대학에는 과학사와 협동과정을 이루는 과학사회학과 및 과학정책학과 그리고 에든버러대학에는 과학학과가 설치되어 있다. 일본의 경우, 동경대학, 교토대학, 동경공업대학 등에 과학사·과학철학과가 설치되어 있거나 여러 학과에서 과학사, 과학철학 전공자가 활발히 활동하고 있다. 그리고 중국, 대만의 많은 대학 여러 학과에서 다수의 과학사, 과학철학, 과학사회학 전공 교수들이 활동하고 있다.

최근 우리나라에서도 과학학 분야에 대한 사회적 수요가 급격히 증대되고 있다. 첫째로, 국내의 첨단 과학기술을 체계적이고 가속적으로 발전시키기 위하여, 특히 노벨과학상 수상이 절실한 작금에, 과학기술 일반에 대한 심층적이고 종합적인 연구의 필요성이 매우 절실해졌다. 둘째로, 세계적 기술 패권주의에 적극 대응해 나가기 위해서 그리고 산적한 과학기술 관련 문제들에 대해 적절히 대처하기 위해서 과학기술 전반을 여러 측면에서 종합적이고 균형적으로 이해하고 그것을 행정·정책적으로 다룰 전문인력 양성이 절실히 요청된다. 셋째로, 올바른 과학문화의 풍토를 조성하기 위해서 국민에게 과학기술에 대한 알기 쉽고 적절한 지식이 제공될 필요와 과학과 대중 사이 상호 소통의 필요성이 증대되고 있다.

이러한 상황에 발맞추어 우리나라에서도 체계적인 과학기술학 연구가 절실히 요청되고 있다. 서울대학교 자연대 대학원에 처음으로 '과학사·과학철학 협동과정'이 설치되어 27년 역사를 지니면서 운영되고 있고(최근에 그 과정에 STS 분야가 덧붙여졌다), 1995년에 고려대학교, 중앙대학교 대학원에 '과학학 협동과정'이 설치되었다. 그리고 서울대학교 공대, 건국대학교, 한국과학기술원, 경북대학교, 전북대학교에 '(과학)기술정책·경영과정'이 설치되어 있다. 학부 과정으로는 1995년에 전북대학교 자연대에 '과학학과'(현재는 대학원과정도 설치되어 있다), 국민대학교에 '과학사회학과'가 설치되었고 이와 유사한 학과들이 설치될 전망이다.

과학학과 및 그와 유사한 학과들의 역할은 다음과 같다. 첫째, 과학학 제반 분야의 연구와 교육에 직접 종사할 전문인력 전공교육을 수행한다. 둘째, 과학학 분야의 지식을 바탕으로 다양한 직종에 진출할 인력에 대해 전문교육을 담당한다. 셋째, 과학학 이외의 학문 분야를 전공하는 학생들에 대한 과학기술 소양 및 교양교육을 지원한다.

그 결과로 과학기술 전반 및 사회·문화와의 관계 등에 대한 종합적 지식과 안목을 갖춘 과학학 전공인력을 많이 확보할 수 있고, 그들은 다음 각 분야에 진출함으로써 많은 사회적 역할을 수행하리라 기대된다.

그 분야들을 살펴보면, 첫째로, 교육과학기술부, 지식경제부, 보건

복지부, 환경부, 국가정보원 등의 정부 부처와 정당 및 사회단체 등의 과학기술 정책 및 행정 분야이다. 둘째로, 과학기술 관련 재단(한국과학창의재단), 정부 연구기관(STEPI, KISTEP), 민간기업 및 대학 연구기관 등 과학기술 관리·평가·기획·지원 부서이다. 셋째로, 신문, 잡지, 방송 등 과학기술 언론 분야이다. 넷째로, 과학기술서적 저술, 번역, 출판, 편집 등 분야이다. 다섯째로, 과학관 및 박물관 등 과학문화재 관리 및 과학기술 전시 및 해설 분야이다. 여섯째로, 정보통신, 원자력, 에너지, 환경 분야 등을 다루는 정부부처, 국영기업 및 민간기업 등 과학기술 홍보 분야이다. 일곱째로, 대학, 전문대학, 중·고등학교 STS, 교양과학 교육, 생활과학교실 등 과학소양 교육 분야이다. 마지막으로, 대학 및 연구기관에서 과학학 제반 분야의 교육과 연구를 담당할 전문학자이다.

(자연)과학이 자연을 대상으로 하는 학문이라면 과학기술학은 자연과학 그리고 그 응용 및 실용 분야인 기술(과학)을 대상으로 하는 학문이다. 그리고 앞에서 살펴본 것처럼, 과학학은 과학사, 과학철학, 과학사회학, 과학정책학, 과학경영학, 과학저널리즘, 과학심리학 등 넓은 영역을 포괄하는 자연과학과 인문·사회과학이 엇물려 있는 간학문적인(interdisciplinary) 분야이지만, 과학학은 그 대상이 주로 자연과학이기 때문에, 형식과학인 수학이 비형식과학, 즉 경험과학(인문·사회·자연과학)의 세 분과 중 자연과학과 관련성이 가장 깊기 때문에 수학과가 자연과학대학에 속해 있듯이, 과학학과가 자연과학대학에 속하는 것이 적절해 보인다.

과학을 연구대상으로 삼는 학문인 과학학의 여러 분야 중 기초적이고 긴 역사를 가진 영역은 과학사와 과학철학 분야이다. 과학사가는 과학의 여러 개념, 방법 그리고 목표들이 어떻게 그것들의 현 단계에 이르렀는가, 어떤 특별한 요인들이 여러 시대와 장소에 있어 그것들에 대하여 현격한 변화를 일으켰는가, 어떤 특별한 사회적 그리고 경제적 힘들이 이러한 변화를 조장하거나 저해했는가에 관하여 알아보고자 한다. 한편, 과학철학자는 지식 만들기 행위로서의 과학의 기능과 아주 직접적으로 관련이 있는 과학의 일반적 특성을 탐구한다. 다시 말해서 과학적 입증의 본성, 과학적 설명의 본성과 종류들, 과학이론의 인식적 격위, 과학이론의 환원, 과학의 발전 유형들, 과학적 방법의 격위, 실험의 본성과 역할 등등에 대하여 깊은 이해를 얻고자 한다.

자연과학과 인문과학이 맞물린 과학사와 과학철학 분야보다 비교적 짧은 역사를 가진 자연과학과 사회과학이 맞물린 과학학 분야에는 과학사회학, 과학정책학, 과학경영학, 과학저널리즘, 과학심리학 등이 있다. 과학사회학자는 과학이 얼마나 그리고 어떤 방식으로 사회적·문화적 맥락들의 영향을 받거나 주는가, 한 사회의 전제 조건들은 어느 정도까지 과학적 연구결과의 형태에 영향을 주는가 등에 대해서 이해하고자 한다. 과학심리학자는 어떤 유형의 인간들이 과학이라는 일에 종사해 왔는가, 그들의 성격과 동기는 그들의 연구 방식에 어떤 관계를 맺어 왔는가, 어떤 심리적 과정들이 그들의 연구 성격을 규정해 왔는가 등을 분석한다. 그리고 가장 응용·실용학문적 성격이 강한 분야는 과학(기술)정책학인데, 이것은 과학기술의 사회적 위치와 역할 그리고 사회적 영향에 대한 이해를 바탕으로 국가, 인류 발전을 위해서 어떤 과학기술정책을 수립해야 하는가 등에 관하여 연구한다.

과학사나 과학사회학 등은 앞에서 예로 든 문제들에 관하여 답이 되는 사실들을 기술하는 기술학문 분야(descriptive discipline)들인 데 반하여, 과학철학은 과학자들이 실제로 갖는 목표와 방법을 기술하는 기술학문 분야적 성격과 그러한 목표와 방법들 중에 어떤 것이 과학의 올바른 목표와 방법인지를 규정하는 규범학문 분야(normative discipline) 적 성격을 모두 지니고 있다.

그런데 과학사(기술사), 과학철학(기술철학, 과학문화, 과학윤리), 과학사회학(과학기술과 사회, 과학저널리즘, 과학기술과 법), 과학정책학, 과학심리학 등은 독립되어 존재하는 것이 아니고 서로 영향을 주고받는다는 것에 주목하여야 한다. 예를 들어, 과학사적 자료들은 과학 발전의 일반적 유형에 관한 철학적 견해를 제시해 왔고, 이 과학철학적 견해는 보다 더 적절하고 깊이 있는 과학사를 구성하는 데 도움이 되었다. 또한 이론 검증에 관한 여러 가지 과학철학적 견해는 과학자의 이론 승인과 거부에 대한 사회적 영향에 관한 과학사회학적 견해들을 만들고, 이 분야에 대한 과학사회학적 연구는 제시된 과학철학적 견해 중에 어떤 것이 더 적절한지 검사하고 다듬어 줄 것이다. 그리고 가장 적절한 과학상(the picture of science)은 이런 식의 다양한 협동 과정의 결과로 만들어질 수 있다는 것은 의심의 여지가 없다.

이런 관계 속에서 과학(기술)학이 유기적인 통일체로서 과학을 이해하는 데 보다 적절한 관점을 제시해 준다. 최근의 과학 또는 과학기술 관련 사회의 현안 문제(기후변화, 수자원, 원자력, 합성생물학, 광우병, 구제역, 인수공통전염병, 스마트폰, 프라이버시, 해킹, 나노기술, 로봇공학 등)에 대한 접근도 과학기술 전공 영역과 더불어 과학기술학 내부의 여러 영역과의 협동 연구를 필요로 하고 있다.

제 1 부

과학이란 무엇인가

1. 과학의 의미

"과학"(科學)이라는 낱말은 메이지 초기 일본에서 영어의 "science"에 대한 번역어로서 등장하였고, 우리나라와 중국에서도 사용하고 있다. 그렇다면 'science'란 무엇을 의미하는가? 먼저 그것의 어원을 살펴보면, 라틴어의 'scientia' 즉 '알 수 있는'(sciens)의 추상명사에서 유래하고 있으며, 이 점에서 그리스어의 '지'(知, sophia)에 바탕을 둔 '철학'(philosophia)과 깊은 관계 속에 있다. 실제로 오늘날 자연과학(natural science)이라고 부르는 것을 19세기 초반까지는 자연철학(natural philosophy)이라고 부른 예가 이를 잘 나타내 주고 있다.

'science'의 어원이 앎, 즉 지식(knowledge)과 연관되어 있다는 사실로부터 '과학'에 대한 일반적 정의 '과학이란 지식들의 체계이다'를 이해할 수 있겠다. 여기서 지식이란 몇몇 특징을 가진 '신념'(belief)이다. 그리고 신념이란 무엇이 어떠하다는 것에 대한 믿음의 상태이고,

신념의 내용 즉 무엇이 어떠하다는 것을 '명제'(proposition)라고 한다. 어떤 사람 s가 '1 더하기 1은 2다' 또는 '지구는 둥글다'고 믿을 때 그 신념들의 내용 즉 '1 더하기 1은 2다' 또는 '지구는 둥글다'가 명제들이다. s의 신념들이란 명제들에 대한 믿음의 상태들이다.

어떤 신념이 지식이 되려면, 우선 먼저 그 신념의 내용 즉 명제가 옳아야 한다. s가 1 더하기 1은 1이라고 믿을 수는 있지만 1 더하기 1은 1이라고 알 수는 없다. 예를 들어, 1 더하기 1은 무엇이냐는 산수 문제에 어떤 어린이가 1이라고 답했다면, "그가 1 더하기 1은 1이라고 믿고 있다"고 말할 수 있지만, 그는 1 더하기 1이 무엇인지 모르고 있다. 즉 알고 있지 않다. 지식의 이 조건을 명제의 '진리성(truth) 조건'이라고 부른다. 그런데 어떤 신념의 내용이 옳기만 하면 그 신념은 지식인가? 예를 들어, 어떤 고대인 a가 우연히 지구가 둥글다는 신념을 가졌었다고 가정해 보자. a의 신념 내용, 즉 지구가 둥글다는 것이 옳다 할지라도, 우리는 "a는 지구가 둥글다는 것을 알고 있었다"고 말하지 않는다. 왜냐하면, a가 그의 신념 내용, 즉 지구가 둥글다는 것이 옳다는 것에 대한 훌륭한 증거를 가지고 있지 않았기 때문이다. 다시 말해서 a의 신념이 지식이 되기 위해서는 그의 신념이 훌륭한 증거에 의해서 정당화되어야만 한다. 지식의 이 조건을 '정당화(justification) 조건' 또는 '증거(evidence) 조건'이라고 부른다.

결론적으로 지식이란 (최소한) 정당화된 옳은 신념이다. 그런데 신념이란 무엇이 어떠하다는 것에 대한 믿음의 상태 즉 주관적인 것이므로 '과학'에 대한 '지식들의 체계 또는 체계화된 지식'이라는 정의는 '과학'(또는 학문)에 대한 주관적 정의라고 할 수 있다. 어떤 사람이 's가 학문이 높다'고 말한다면, s는 깊고 넓은 체계화된 지식들을 가지고 있다는 것을 의미한다. 여기서 '학문'은 '과학'(또는 학문)에 대한 주관적 정의를 취하고 있다. 그러나 일반적으로 과학(science)은 정당화된 옳은 신념들의 체계를 의미하기보다는 오히려 그러한 신념들의 내용체계를 의미한다. 즉 '과학'(science)에 대한 객관적 정의 '정당화된 옳은 명제들의 체계'가 일반적으로 사용되고 있다. 그리고 옳은 명제를 우리는 진리(truth)라고 부른다. 예를 들면, 'a는 a다', '1 더하기 1은 2다', '자석은 쇠붙이를 끌어당긴다', '단풍잎은 가을에 빨갛게 물든다', '지구는 둥글다' 등등이다. 따라서 과학의 의미를 밝히는 일은 '과학'의 일반적 정의 '정당화된 옳은 명제(진리)들의 체계'를 명료하게 분석하는 일이다. 여기서 명제가 옳다는 것은 무엇을 의미하는가, 그리고 옳은 명제들을 어떻게 체계화하는가를 이해하는 일이다.

우리가 '지구가 둥글다'는 명제가 '옳다'고 말할 때, 이 명제의 '옳음'(진리성, truth)은 이 명제가 이 세상에 존재하는 '지구가 둥글다'는 사실(fact)과 대응(correspondence)함을 의미한다. 그러나 '지구가 편평하다'는 고대인이 믿었던 명제는 그르다. 왜냐하면 이 명제에 대응하는 사실이 이 세상에 존재하지 않기 때문이다. 이처럼 어떤 명제가 옳다는 것이 그 명제가 이 세상의 사실과 대응함을 의미한다고 보는 견해를 진리성(truth)에 대한 '대응설'이라고 부른다.

물론 "옳다"라는 단어는 앞의 의미로만 사용하는 것은 아니다. 예를 들어, '1 더하기 1은 2다'라는 명제가 "옳다"고 말할 때, 우리는 이 명제에 대응하는 사실 즉 물리적 사태가 이 세상에 존재한다는 것을 의미하는 것이 아니라, 이 명제가 산술학 체계와 정합(coherence)한다. 즉 산술학의 기초를 이루는 기초개념, 공리, 규칙들로부터 이끌어 내진다는 것을 의미한다. 어떤 명제의 옳음이 어떤 개념체계와 그 명제의 정합성이라고 보는 견해를 진리성에 대한 '정합설'이라고 부른다. 일반적으로, 수학과 논리학의 진리는 정합설에서 주장하는 의미로 옳은 명제인 반면에, 자연과학의 진리는 대응설에서 주장하는 의미로 옳은 명제이다.

그런데 과학이란 옳은 명제들을 어떻게 체계화한 것일까? 사람들은 옳은 명제들을 가지고 연역체계를 구성하는 것을 이상으로 삼아 왔다. 가장 모범적인 과학은 옳은 명제들의 연역체계이다. 연역체계가 어떠한 것인가를 이해하기 위하여 플라톤이 아테네 사람들에게 그것을 모르는 자는 자기가 세운 학교 아카데미아에 들어오지 말라고 외칠 만큼 학문의 모범으로 삼았던 '유클리드 기하학'을 살펴보자.

유클리드는 우선 '부분', '길이', '넓이'와 같은 '무정의 용어'들을 가지고 기하학을 전개하는 데 많이 사용되는 '점', '선' 등과 같은 용어들을 '정의'한다. 정의 1은 '점이란 부분이 없는 것이다'이고, 정의 2는 '선이란 넓이가 없는 길이이다'이다. 그리고 정의된 용어들과 다른 무정의 용어들을 가지고 새로운 용어들을 다시 정의한다. 예를 들면, 정의 4는 '직선은…… 두 점 사이에 있는 곧은…… 선이다'라고 되어 있다. 또한 유클리드는 그 체계 안에서는 증명되지 않는 명제들 즉 '공리'와 '공준'을 도입한다. 그 다음에 이 정의, 공리 그리고 공준들로부터 '정리'들을 단계적으로 '연역'해 낸다. 결과적으로 기하학 명제들의 이러한 체계는 큰 연역 논증인 셈이다. 따라서 우리는 이 체계를 '연역체계'라고 부른다.

〈그림 1〉 유클리드(Euclid)

뉴턴 물리학 역시 이러한 연역체계이다. 뉴턴은 물리학의 기초 개념들 즉 '질량', '힘', '속도', '가속도' 등을 명확하게 정의한다. 그리고 아주 일반적인 물리학적 진리들 즉 질량불변의 법칙, 에너지 보존의 법칙, 중력법칙, 관성법칙, 작용·반작용법칙 등을 공리로 도입한다. 그 다음에 여러 다른 물리학적 진리들 즉 갈릴레이 법칙, 케플러 법칙 등을 정리로 연역해 낸다. 뉴턴은 자신의 물리학을 기하학과 같은 수학의 체계처럼 연역체계로 구성하였다. 그래서 그는 그의 물리학을 정리한 것을 *Philosopniae Naturalis Principia Mathematica*(자연철학의 수학적 원리)라고 발표하였다. 결론적으로, 과학(science, 학문)이란 정당화된 옳은 명제 즉 진리들의 체계이며, 우리는 그 옳은 명제들을 가지고 연역체계를 구성하는 것을 이상으로 삼는다.

　그런데 "science"를 일본에서 '과학'(科學) 즉 '과(科)로 나누어진 학문(學問)'으로 번역한 이유는 이 번역어가 만들어질 때인 19세기 후반 유럽의 학문상황 때문이다. 이때 유럽에서는 여러 개별 학문영역들

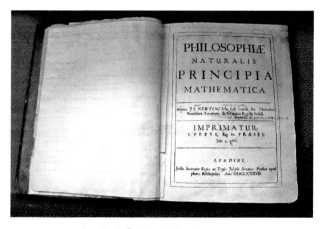

〈그림 2〉『자연철학의 수학적 원리』

즉 오늘날 대학 학과의 고전적인 학문영역들(수학, 물리학, 화학, 생물학, 사회학, 정치학, 경제학, 심리학, 철학, 역사학 등등)이 독자적인 대상, 독자적인 방법론 등을 가지고 독립 전문화하는 경향을 현저히 보이고 있었다. '과학'(科學)은 넓게는 이러한 개별 학문영역들 모두를 가리킨다.

그러나 일반적으로 현재는 '과학'(科學, science)이란 여러 학문영역 중에서 '자연과학'을 가리키는 것으로 사용되는 것이 보통이며, '과학적'(scientific)이란 형용사의 경우에는 특히 '자연과학적'이란 형용사와 동의어로만 사용된다고 보아도 좋다. 자연과학이란 물리학·화학·생물학·지질학·천문학 등과 같은 자연에 관한 옳은 명제들의 체계인데, 그 명제들은 관찰보고로부터 이 관찰명제들을 설명하는 법칙 그리고 고도로 추상적인 이론까지를 포함한다. 그런데 때로는 '과학'이란 과학적 관찰과 이해라는 목표를 추구하고 있는 '과학자의 제반 행위들' 전부를 가리키는 것으로 사용되기도 한다.

2. (자연)과학적 방법

(자연)과학은 자연에 관한 성과 있는 과학적 이해를 위하여 어떤 방법을 사용하고 있는가? '과학적 방법'이란 무엇인지 살펴보기로 하자.

2.1. 관찰과 실험

'관찰'이란 단순히 감각기관을 통한 직접적인 지각행위로부터 현미경을 통한 세포 관찰의 경우처럼 관찰될 세포를 정교한 방식으로 염색하는 일, 현미경의 조절나사를 조작하는 일, 빛과 관찰대상에 의해서 만들어진 상을 렌즈를 통해서 보는 일 등등을 포함하는 복합적인 행위까지를 가리킨다. 자연현상을 관찰할 때에는 일정한 목적이 있어야 하되, 있는 그대로의 사실을 관찰해야 하며 선입견에 빠져서는 안 된다. 그리고 발견된 사실 중에서 연구목적에 따라 결과를 선택해야 한다.

'실험'이란 관찰의 특수 형태인데 정상구조를 포함하는 자연현상을 인위적으로 변경하거나 소요를 일으켜 나타나는 결과를 관찰하는 조작이며, 가설의 검증 또는 자연의 상수를 발견하는 일 등을 위하여 사용하는 방법이다.

우리는 관찰과 실험을 통하여 특수(particular)하고 직접적인 지식을 얻는다. 이렇게 얻어진 자료들은 정확하고 완전하게 전문적으로 수집되어야 하고, 자료의 상호 관계와 연속관계 등에 주의를 기울이며 통계학적 방법을 사용하면서 면밀히 정리하고 분류하여야 한다. 그리고 개개의 사실에 관한 결과를 정확하게 기술하여야 한다.

2.2. 일반화의 방법(Method of Generalization)

과학의 지식들 중에는 보편명제 형식(모든 p는 q이다)을 갖는 법칙과 같은 일반적(general) 지식들이 있다. 관찰한 것들을 토대로 이러한 일반적 지식을 구성하는 방법을 '일반화의 방법'이라고 한다. 예를 들어, 우리는 먹구름이 끼면 비가 온다는 것을 관찰한다. 그리고 반복해서 이 사실을 관찰하게 된다. 그 뒤에 우리는 지금까지 그랬었다는 일정한 수효의 관찰사례에 관한 명제들로부터 과거·현재·미래를 통틀어 언제나 일반적으로 "먹구름이 끼는 모든 경우에 비가 온다"라는 명제를 '보편적 일반화'(universal generalization)를 통하여 얻는다.

때로는 병원의 여러 임상실험의 경우에서처럼 어떤 약을 투여한 환자들 중에 약 90% 정도가 회복되는 것을 통계적으로 알게 될 때 우리는 '통계적 일반화'(statistical generalization)를 통하여 "그 약은 약 90%의 환자에게 효과가 있다"는 일반명제를 얻는다. 그런데 이러한 일반화들이란 관찰이 무수히 반복되더라도 언제나 새로운 관찰에 의해서 반증될 가능성 즉 반증가능성에서 벗어날 수 없다. 그리고 이렇게 얻은 보편법칙이나 통계법칙들 즉 인과법칙들을 토대로 우리는 어떤 특정 사실을 설명하거나 예측한다.

그런데 관찰과 실험을 통하여 얻어지는 결과로부터 이것들 사이의 인과관계를 찾아내어 법칙에 도달하려고 하지만 끝내 법칙에는 이르지 못하고 개괄의 단계에서 멈출 때가 있다. 그러나 여러 개괄들 사이에 공통점이 있다면 이것들을 더 높은 차원의 넓은 테두리 안으로 일괄할 수 있고, 이러한 방법으로 공통 영역을 더욱 확대해 나아가서 마침내 법칙에 이를 수 있다. 생물학의 경우에 개괄의 방법을 통하여 가설이나 법칙에 이르는 수가 많다.

2.3. 가설의 방법(Method of Hypothesis)

우리는 때때로 어떤 예기치 못한 사건에 부닥쳐 "왜 그런 사건이 일어났는가?"라는 의심을 갖는다. 그러면 우리는 그 설명되어야 할 사실에 대한 시험적 설명을 제안하게 되는데, 이때 우리는 '가설'(hypothesis)을 갖게 된다. 그런데 이 가설이 우리의 의심을 충분히 해소시킬 만큼 만족스러운 설명을 제공한다면 우리는 그 가설을 받아들인다.

그리고 우리는 그 가설을 토대로 새로운 예측들을 해 본다. 예를 들어, 아인슈타인의 상대성가설로부터 "빛이 태양 근처를 지날 때 태양 쪽으로 굽을 것이다"라는 예측, 즉 '시험명제'가 만들어졌었다. 몇 년 뒤에 영국의 천문학자들이 개기일식을 관찰했고, 그것들의 빛이 태양 근처를 지날 때 굽어야만 보일 수 있는 별들이 담긴 사진을 촬영함에 의해서 즉 앞의 예측이 옳다는 것이 밝혀짐에 의해서 상대성가설의 입증 정도가 강해졌다. 어떤 가설에 대해서 반증사례들을 발견하지 못하고 다양한 입증사례들을 발견하게 될 때 그 가설에 대한 신뢰도는 높아진다. 이렇게 간접적 지식을 얻는 방법을 '가설의 방법'이라고 한다.

〈그림 3〉 아인슈타인(Albert Einstein)

한편, 때로는 어떤 사실을 설명하는 가설이 하나가 아니라 둘이 제안될 수도 있는데, 어느 것도 증거에 의해서 반증될 수 없지만 두 개의 가설이 서로 양립 불가능하여 어느 하나를 선택해야 하는 경우라면, '보다 더 단순한 가설을 선택하라'는 단순성 규칙(Rule of Simplicity)에 따르는 것이 상례이다. 그리고 단순한 가설이란, 물리학의 경우를 예로 들자면 기본 입자의 종류, 기본 과정의 종류가 적은 가설이다. 그리고 가설이 많고 다양한 종류의 입증사례들을 갖게 될 때 정리나 법칙으로 인정된다.

한편, 가설이 만들어지는 과정의 초기 단계에는 '상상력'이 중요한 역할을 한다. 상상(imagination)이란 외부의 자극 없이 의식 내부에서 일어나는 직관이며 감정까지도 관여하기 때문에 이성에 의한 사고작용과 구별된다. 그리고 직관은 현상의 복합적인 국면에 내재하는 줄기(핵심)를 분석적인 사유 없이 파악하는 능력인데, 인지심리학에서 쓰는 '통찰'이란 개념과 유사하고, 통찰은 해결이 잘되지 않는 문제가 불현듯 해답이 얻어지는 경험을 뜻한다. 여러 과학자들이 과학연구의 과정에서 상상의 중요성을 강조했었다. 예를 들어, 뉴턴은 "사과가 떨어지는 것을 보고 중력의 존재를 생각해 낸 것은 능동적인 상상력의 힘이었다"라고 하였고, 달튼은 "구상적 상상력으로 원자론을 구상하였다"라고 말하였다.

과학적 지식이란 앞에서 설명한 과학적 방법들 즉 관찰과 실험·일반화의 방법·가설의 방법 등에 의하여 얻어지는 지식이다. 그래서 이러한 과학적 방법에 따라 획득한 과학적 지식들의 체계로서의 과학은 경험적 데이터에의 직접적 의존, 반복 가능한 현상에의 의존성, 보편성, 반증 가능성, 계통적 회의주의, 객관성, 주관적인 가치기준으로부터의 자유, 정량직 방법의 적용 등 특징을 갖는다. 그런데 현대의 과학은 20세기 전반까지의 과학과는 상당히 다른 점이 지적되고 있다. 제1차 세계대전 이후 급속하게 진행된 과학의 제도화에 의해서 과학은 개인의 지적 행위를 넘어 사회적으로 조직화된 지적 행위가 되었다. 업적의 평가, 과학자로서의 경력의 준비부터 성공·실패의 과정, 그리고 연구내용에 이르기까지 모두가 사회 속의 제도로서 준비된 테두리 안에서 진행되는 현재의 과학은 산업화, 거대화, 융·복합화라는 현상과 맞물려 매우 새로운 양상을 드러내고 있다.

3. 과학의 분류

'과학'(science)은 오늘날 그리고 좁게는 '자연과학'을 가리키는 것으로 사용된다는 것을 앞에서 살펴보았다. 그러나 '과학'은 가장 넓게는 '학문'과 동의어로 사용된다. 이 책에서 대부분 '과학'은 자연과학을 가리키지만, 이 자연과학이 학문의 일부이고 학문이라는 큰 구조 속에 어디를 차지하고 있는가를 이해하기 위하여 학문이 어떻게 분류되는가를 알아보고자 한다.

첫째로, 학문들은 일반성을 기준으로 '철학'(philosophy)과 '특수학문'(particular science)으로 나누어진다. 철학이란 "인간·세계·인간의 행위들에 관한 가장 고도로 일반적인 신념들에 대한 비판적 반성 결과들의 체계"라고 정의된다. 철학의 주제가 자연, 인간 그리고 사회 전반에 걸친 일반적 주제라면, 물리학, 역사학 그리고 사회학과 같은 특수학문들은 이것들의 어떤 부분을 주제로 삼는다. 그리고 철학, 물리학, 역사학, 사회학 등 어떤 학문이든지 최종 학위를 영어로 Ph.D., 즉 Doctor of Philosophy(in x)라고 부르는 것은 이 학위를 받는 사람들이 가장 일반적 수준 즉 철학적 수준에서 해당 학문을 할 수 있는 최소한의 자격을 갖추었다는 것을 뜻하기 때문이다.

둘째로, 학문의 주제는 가장 근원적으로 형식적 주제와 경험적 주제로 나누어지고, 형식적 주제를 다루는 학문들을 '형식과학'(Formal Science) 그리고 경험적 주제를 다루는 학문들을 '경험과학'(Empirical Science)이라고 부른다. 형식과학에는 논리학, (순수)수학 등이 속하는데, "a는 a다"라는 논리학의 명제 또는 "1 더하기 1은 2다"라는 수학의 명제들은 순전히 사고의 형식에 관한 명제들이다. 이러한 옳은 명제들을 체계화시켜 놓은 것이 형식과학이다. 반면에 경험과학은 우리가 이 세계 속에서 경험하게 되는 사물과 사실에 관한 옳은 명제들 즉 경험적 진리들의 체계이다. 논리학, 수학, 통계학, 전산학 등과 같은 소수의 학문 분야들을 제외한 대학에서의 대부분 학문 분야들이 경험과학에 속한다.

셋째로, 경험적 주제는 크게 인간, 사회, 자연에 관한 주제들로 나누어진다. 그래서 경험과학은 '인문(과)학'(Humanities), '사회과학'(Social Science) 그리고 '자연과학'(Natural Science)으로 나누어진다. 인문과학이란 값어치 있는 인생과 문화적 주제들에 관한 진리 탐구를 목표로 삼는 학문영역으로 언어학·어문학·역사학·윤리학·문화인류학 등이 여기에 속한다. 사회과학이란 사람들의 여러 사회적 행위들에 관한 진리 탐구를 목표로 삼는 학문영역인데, 사회학·지리학·정치학·경제학·심리학·법학·행정학·경영학·교육학·가정학 등이 속한다. 자연과학이란 자연의 물리적·화학적 그리고 생명현상 등에 관한 진리 탐구를 목표로 삼는데, 물리학·화학·생물학·지질학·천문학·분자생물학·공학·농학·의학·약학 등이 속한다.

'과학학'(Science Studies)은 자연과학과 인문·사회과학의 간학문적(間學問的, interdisciplinary) 성격을 지닌 학문 분야인데, 형식과학인 수학이 인문·사회과학보다 자연과학적 탐구에서 널리 사용되는 실질적 이유 때문에 수학과가 자연과학대학에 속해 있듯이, 과학학의 대상이 과학 즉 자연과학이기 때문에 과학학과가 자연과학대학에 속해 있다.

〈그림 4〉『과학학 개론』

넷째로, 학문을 연구하는 사람들의 동기나 목적의 종류에 따라 '순수학문'(Pure Science)과 '실용학문'(Practical Science)으로 나누어진다. 순수학문이란 우리의 순수한 지적 욕구를 충족시켜 주는 학문들이다. 예를 들어, 철학·수학·역사학·사회학·물리학·생물학 등등이다. 반면에, 실용학문이란 우리가 살아가면서 부닥치는 실질적인 문제들을 해결하기 위한 진리들의 체계인데, 전산학·법학·경영학·도서관학·공학·의학 등등이다.

다섯째로, 학문들의 논리적 순서에 따라 '기초학문'(Basic Science)과 '응용학문'(Applied Science)으로 나누어진다. 어떤 학문이 성립하기 위하여 먼저 확립되어 있어야만 하는 학문을 논리적으로 앞서는 학문이라 한다. 예를 들어, 기계공학이 성립하기 위하여 수학, 물리학 등이 논리적으로 앞서는 학문이다. 논리적으로 무엇보다도 앞서는 철학, 논리학, 수학, 역사학, 사회학, 물리학 등 순수학문 전반을 일반적으로 기초학문이라고 부른다. 그리고 이 기초학문을 이용하는 학문 분야 즉 법학, 경영학, 가정학, 공학, 의학 등 실용학문 전반을 응용학문이라고 부른다.

여섯째로, 암 연구의 경우에서처럼 어떤 한 주제에 관하여 여러 학문들이 협동으로 연구하는 경우에 그 참여 학문들의 역할에 따라 '기본학문'(Main Science)과 '보조학문'(Auxiliary Science)으로 나누어지기도 한다. 암 연구의 경우에는 생물학이 기본학문이 되고, 심리학, 전기공학 등 여러 학문들이 보조학문으로서 협조하고 있다.

마지막으로, 과학자들의 행위의 종류에 따라 '이론과학'(Theoretical Science)과 '실험과학'(Experimental Science)으로 나누어지기도 한다. 과학자의 행위는 크게 이론화작업(theorizing)과 실험작업(experimentation)으로 나누어진다. 이론화작업이란 가설을 만들거나 관찰명제들과 법칙·이론들을 논리적으로 체계화하는 일이고, 실험작업이란 자연의 상수를 발견하거나, 거친 추측을 가설로 만들거나, 가설을 입증 또는 반증하기 위하여 관찰, 실험하는 일이다. 이론화작업 행위 전반을 이론과학이라 부르고, 실험작업 행위 전반을 실험과학이라 부른다.

그런데 오늘날은 기초학문과 응용학문 사이 엄격한 벽이 허물어지고 서로 간에 복합적·융합적 결합으로 생겨난 새로운 학문 분야들이 많이 등장하였다는 것도 엄연한 사실이다. 그리고 순수학문과 실용학문 사이 소통과 상호 보완적 성격에 대한 이해도 이제 상식이 되어 가고 있다. 이런 추세 속에서 '과학'과 '기술'이 서로 다른 정체성과 역사를 지니고 있음에도 불구하고 '과학기술'이 이제 보편적으로 사용되고 있다.

4. 과학의 가치

대학을 우리는 '학문의 전당'이라고 부른다. 대학생활을 통해서 학생들은 다양한 종류의 경험들을 쌓아 가겠지만 대학생으로서의 가장 중요한 일거리 중 하나는 지적인 호기심과 정직성을 바탕으로 체계적 지식을 습득하는 일이다. 그런데 왜 우리는 고등학교까지 학교 공부에, 그리고 대학생활과 '평생교육'이란 말이 시사하듯 죽는 날까지 학문하는 일에 값진 시간과 노력을 투자해야 하는가? 그 답은 아마 학문하는 일이 무척 값어치 있는 일이기 때문일 것이다. 그렇다면 학문의 가치는 무엇인가? 다시 말해서, 학문은 우리의 인생에 어떤 도움을 주는가? 그리고 특히 자연과학의 가치는 무엇인가?

사람은 살아가면서 신체적 행위, 정서적 행위, 종교적 행위, 도덕적 행위, 지적 행위 등을 행하는데, 정상적인 경우에 이 모든 행위들은 궁극적으로 자신 또는 남의 행복을 증진시키는 것 또는 불행을 감소시키는 것을 목표로 삼는다. 우리의 지적 행위 즉 학문하는 일은 우리에게 행복을 증진시켜 주는 바람직하고, 가치 있는 일이다. 예를 들어, 무지(無知)한 어린이, 미신에 사로잡혀 사는 어른 그리고 해결해야 할 지적 문제들을 가지고 있는 사람들의 불안과 답답함이 지식을 습득하고, 합리적이고 과학적인 사고를 통해서 미신으로부터 해방되고, 문제들을 해결하여 행복해진다. 이렇게 학문하는 일은 개인의 무지와 미신 그리고 지적 혼란으로부터 그 자신을 벗어나게 해 줌으로써 그 자신에게 행복감을 안겨 준다. 다시 말해서, 우리는 학문을 통하여 지적 호기심을 충족시키고, 무지로 인한 지적 부자유로부터 벗어남에 의하여 행복해진다.

〈그림 5〉 소크라테스(Socrates)

더욱이 우리는 어떤 개인의 무지가 다른 사람에게 큰 불행을 초래하는 경우들을 경험한다. 예를 들어, 어떤 사이비 종교 교주의 무지가 그를 따르는 신도들의 죽음이라는 큰 불행을 낳는 것을 접하게 된다. 인류의 스승들 중 한 사람인 소크라테스가 그렇게 '무지에 대한 지'를 강조하면서 '무지'에 대한 경계를 게을리 하지 말 것을 당부한 이유를 여기서 찾아볼 수도 있겠다. 다시 말해서, 어떤 개인의 지식 습득은 자기 자신뿐만 아니라 타인의 불행을 막고, 타인의 행복을 증진시키는 역할을 한다.

또한 옳은 명제들 즉 진리들의 체계 또는 체계화된 지식으로서의 학문은 '모든 p는 q이다'라는 보편명제 형식을 가진 법칙과 같은 일반적 지식을 포함하는데, 우리는 이것을 토대로 예측할 수 있다. 예를 들어, 기상학에서 발견해 낸 태풍에 관한 법칙들과 같은 일반적 지식을 토대로 우리는 어떤 태풍 발생을 예측할 수 있고, 결과적으로 그 태풍에 의한 피해를 막거나 줄일 수 있다. 다시 말해서, 자연과학의 경우를 예로 들자면, 자연의 보다 많은 법칙들을 찾아내고 이론화 작업을 통한 자연에 관한 보다 더 깊은 이해를 바탕으로 구축된 고도로 일반적인 지식들을 토대로 우리는 예측하거나 부분적으로 자연을 조절·통제할 수 있게 된 결과로 많은 경우에 불행을 줄이고 행복을 늘릴 수 있게 되었다. 여기서 우리는 베이컨이 주장한 "아는 것이 힘이다"라는 명제가 무엇을 의미하는가를 이해할 수 있겠다.

결론적으로 학문하는 일은 대부분의 경우에 개인 또는 인간 사회에 행복을 증진시켜 주는 바람직한 즉 가치 있는 일이다. 그러나 때때로 과학자들의 행위 그 자체 또는 성과 활용이 인간 사회에 불행을 낳기도 한다. 예를 들어, 과학기술 발전에 힘입어 이루어진 산업화, 그리고 도시화로 인한 공해문제 등은 인간 사회에 큰 불행을 안겨 주곤 한다. 그렇지만 이러한 불행을 가장 효과적으로 막는 길도 환경공학, 환경윤리 같은 과학(학문)의 안내로 찾아지고 있다.

근현대 사회는 여러 문화 영역 중에 과학 특히 자연과학의 발전과 성과가 돋보이고 있다. 또한 자연과학의 철학, 심리학, 사회과학, 종교, 예술 등에 대한 영향도 증대되었다. 그런데 왜 우리는 자연과학의 발전에 보다 많은 노력을 기울이고 있는가? 첫째로, 자연의 여러 신비스러운 현상은 우리의 지적 호기심을 유발시키기에 충분하고 그것에 대한 원인을 찾아내서 그 현상을 설명해 보고자 하는 노력은 아주 당연한 일이고, 자연재해의 무서운 위력의 공포로부터 벗어나고 부분적으로나마 그 피해를 줄이기 위한 정확한 예측을 위하여 그 원인과 규칙성을 찾아내는 것이 필요하다. 그러한 노력은 자연과학의 순수영역들인 천문학·지질학·물리학·화학·생물학·분자생물학 등에 있어 우리를 보다 깊고 높은 수준에 도달하게 했다.

둘째로, 이러한 순수학문의 노력으로 얻어진 진리들의 체계를 응용한 결과로 얻어진 실용학문 분야 즉 공학·의학·농학 등 기술과학(technology)은 우리의 생존과 생활에 실질적인 도움을 제공한다. 그런데 최근의 경향은 순수 기초학문인 자연과학과 기술과학 그리고 더 나아가 인문·사회과학과의 상호 영향, 융·복합이 증대되고 있다. 자연과학연구가 기술과학의 기초를 제공하고, 자연과학연구에 기술과학이 제공하는 기술적 협조가 절실히 필요해졌다. 예를 들어, 인간게놈프로젝트의 연구기간 단축은 분석기술, 테크놀로지 발전에 힘입은 바가 크다.

한편, 최근의 '과학(비즈니스)벨트' 사업이 보여 주듯이, 자연과학 연구—기초과학연구원 설립, 중이온 가속기 건립 등—를 신소재 개발과 같은 재료공학, 암 치료와 같은 의학 분야 등에 응용하여 직간접으로 얼마나 '경제적 가치를 창출'할 것인가, '고용 증대의 효과'는 어느 정도 있을 것인가, 자연에 존재하지 않았던 새로운 원소 발명은 우리에게 '노벨과학상'을 안겨 주지 않을까 등 문제와 연결시키면서, 자연과학 연구에 대한 사회과학적 논의에 뚜렷이 불을 지폈다. 이러한 상황은 자연·기술과학과 인문·사회과학 그리고 전자, 후자의 복합인 과학기술학과의 협동연구 필요성을 절실히 확인시켜 주고 있다.

이렇게 자연과학의 순수영역은 우리에게 지적 호기심을 충족시켜 주는 자연에 관한 일반적이고 체계적인 지식을 제공하여 주고, 이 영역은 간접적으로 그리고 응용되어 직접적으로 우리의 생존과 생활의 기본적이고 필수적인 요건들에 대한 질적·양적 향상을 제공함으로써 복리 증진에 큰 역할을 한다.

제 2 부

철학이란 무엇인가

1. 철학의 의미

특수학문들과는 달리 철학은 일반적 주제를 다루기 때문에 아주 추상적인 성격을 지니고 있다. 추상화가 구상화보다 훨씬 더 애매모호성을 지니기 때문에 이해가 어려운 것처럼 철학도 이해하기 쉽지 않음을 지니고 있는 학문이다. 노벨문학상을 받은 몇 안 되는 철학자인 러셀도 철학이 무엇이라고 아무리 설명해도 학생들이 이해하는 눈빛을 보이지 않자 "철학은 철학과에서 배우는 학문"이라고 외치고 말았다는 일화도 있다.

〈그림 6〉 러셀(Bertrand Russell)

칸트도 '철학'보다는 상대적으로 구체성이 더 있는 '철학한다'를 먼저 살펴보았다. 철학한다는 것은 이성에 의해 생각하는 것의 일부인데, 보통보다 조금 더 '깊이 생각'하는 것이다. 우리는 상식, 지식, 학문의 수준 각각에서 생각하며 산다. 그런데 '재산을 많이 가지면 행복하다'는 상식, '우주가 팽창하고 있다'는 지식, '양자역학 체계가 가장 옳음 직하다'는 학문의 수준에서 생각하는 것보다 한층 더 깊이 생각하면서, 예를 들어, 앞의 상식·지식·학문의 주장들은 어떤 문제점 없이 정말 정당한 것들인지 생각해 보는 것은 각각에 대해서 철학하고 있는 것이다.

철학한다는 것은 또한 보통보다 조금 더 '멀리 생각'하는 것이다. 예를 들어, 현재의 에너지 수요와 경제적 효율성에 입각하여 원자력 발전소를 계속 증축한다는 생각이 미래 사회를 고려할 때 어떤 문제점이 있지 않을까 생각해 보는 것은 그것에 대해 철학하는 것이다. 한편, 어떤 특정 종교 사회에서 믿고 있는 신이 다른 종교 사회에서 믿고 있는 신보다 월등하게 나은 것인가 생각해 보는 것도 그것에 대해 철학하는 일일 것이다.

따라서 철학한다는 것은 생각을 많이 하게 되는 것인데 '사리에 맞고 논리가 정연'하여야 철학한다고 말할 수 있다. 즉 옳거나, 옳음 직하거나 그렇다고 믿는 것에 기반을 두어 어떤 결론을 이끌어 내야 한다. 그리고 생각하여 어떤 결론을 이끌어 낼 때 결론과 그것의 증거나 이유, 즉 전제와의 관계가 논리적으로 타당하여야 한다.

그런데 철학을 할 때 우리는 무엇에 대해서 하고 있는 것일까? 다시 말해, 철학하는 것의 대상은 무엇일까? 그것은 존재 일반으로서의 '세계', 그중의 바로 우리 '인간' 그리고 '인간의 여러 행위'(지적·과학적·기술적·도덕적·사회적·정치적·경제적·예술적·문화적·종교적·신체적 행위 등등)에 관한 '가장 근원적이고 포괄적인 물음'

그리고 앞선 철학자들의 그 물음에 대한 '답변' 기록이다.

결과적으로 철학은 "인간, 세계, 인간의 행위에 관한 근원적이고 포괄적인 물음(그리고 그 답변 기록)에 대한 상식, 지식, 학문적 수준의 믿음에 대하여 한층 더 깊고 멀리, 사리에 맞고 논리적으로 생각한 결과들을 모아 놓은 것"이라고 말할 수 있겠다. 그리고 상식, 지식, 학문적 수준의 믿음들이 진리, 도덕적 선, 정의, 미적 가치 등에 비추어 볼 때 정말 올바른 것인지, 훌륭한 근거를 가지고 있는 것인지 깊고 멀리 음미해 보는 것을 그러한 믿음들에 대하여 '비판적으로 반성'하는 것이라고 말한다.

따라서 학문으로서의 '철학'은 "인간, 세계, 인간의 행위에 관한 근원적이고 포괄적인 물음(그리고 그 답변 기록)에 대한 비판적 반성 결과들의 체계"라고 말할 수 있겠다.

2. 철학의 방법

앞서 살펴본 학문으로서의 철학에 대한 정의 중 '비판적 반성'이 무엇을 뜻하는가를 밝히는 일은 '철학의 방법'을 이해하는 일이다. 그리고 앞에서 언급한 것처럼 철학에서의 '비판적 반성'이란 상식, 지식, 학문적 수준의 근원적이고 포괄적인 믿음들이 진리, 도덕적 선, 정의, 미적 가치 등에 비추어 볼 때 정말 올바른 것인지, 훌륭한 근거를 가지고 있는 것인지 깊고 멀리 음미해 보는 것을 뜻한다.

다시 말해서, 그러한 신념들이 논리적으로 정당한 것인가를 검토해 보는 것이다. 즉 그러한 신념이 옳거나 옳음 직한 (또는 올바른)

근거를 바탕으로 타당하게 이끌어 내어진 것인가를 분석해 보는 일이다. 그래서 이 과정을 '논리적 분석'이라고 일컫는다. 한편, 이러한 논리적 분석이 적절하게 이루어지기 위해서는 즉 대상 논증이 정당한가, 타당한가를 올바르게 검토하기 위해서는 그 논증을 이루고 있는 전제와 결론 즉 문장들의 의미를 정확히 이해하는 것이 전제조건이 될 것이다. 그리고 그 문장들은 낱말들의 결합이다. 따라서 그 낱말들이 무엇을 뜻하는가를 밝히는 작업이 필요하다. 이 과정을 '개념 분석'이라고 일컫는다.

따라서 철학에서의 '방법'은 논리적 분석과 개념 분석 즉 '분석의 방법'이다. 상대적으로 '방법론'에 있어서 취약성을 드러냈던 사변철학으로부터 대학에 자리 잡을 수 있는 '학문으로서의 철학'을 지향하면서 철학에서의 방법론—논리학, 언어철학—탐구에 노력을 기울인 20세기 철학을 그래서 '분석철학'이라고 명명하였다.

3. 철학의 분류

철학은 전통적으로 크게 네 영역으로 나누어진다고 볼 수 있다. 그 영역들은 방법론, 인식론(지식론), 존재론(형이상학), 가치론이다. 첫째로, '방법론' 영역은 말 그대로 철학의 방법에 관한 탐구 영역이다. 이 영역은 앞의 장에서 살펴본 것처럼 철학의 방법이 논리적 분석과 개념 분석이기 때문에 논리와 개념, 낱말, 언어를 다루는 '논리학'(Logic), '논리철학'(Philosophy of Logic)과 '언어철학'(Philosophy of Language)이 세부 분야이다.

'인식론' 영역은 '지식이란 무엇인가?', '지식을 얻는 방법들은 무엇인가?', 진리성, 확실성 등에 대한 탐구 영역인데, '지식론'(Theory of Knowledge), '수리철학'(Philosophy of Mathematics), '자연과학철학'(Philosophy of Natural Science), '생명과학철학'(Philosophy of Biological Science), '사회과학철학'(Philosophy of Social Science) 등이 세부 분야이다.

 '존재론' 영역은 존재 일반 즉 "'세계' 그리고 그 안의 우리 '인간'의 '본질적 속성'은 무엇인가?" "'정신'적인 것일까, '물질'적인 것일까, 양자 모두일까?" "'신'은 무엇이고, 존재하는 것일까 아니면 단지 개념일 뿐인가?" 등 문제에 대한 탐구 영역이다. 세부 분야로는 '형이상학'(Metaphysics), '정신철학'(Philosophy of Mind), '종교철학'(Philosophy of Religion) 등이다.

 끝으로, '선'이라는 가치, '미'라는 가치를 다루는 '가치론' 영역은 세부 분야로 '올바른 행위의 기준'은 무엇인가, '훌륭한' 삶이란 무엇인가 등 문제를 다루는 '윤리학'(Ethics) 즉 '도덕철학' 그리고 '사회철학'(Social Philosophy), '역사철학'(Philosophy of History)과 '아름다움'의 기준은 무엇인가, 객관적인 것인가 아니면 주관적인 것인가 등 문제를 다루는 '미학'(Aesthetics), 즉 '예술철학'(Philosophy of Art) 등이다.

4. 철학의 가치

 철학의 주제가 자연, 인간 그리고 사회 전반에 걸친 일반적 주제라는 점에 비추어 볼 때, 특수학문들 못지않게 그러한 주제를 다루는 철학의 가치는 무엇일까? 철학의 탐구 결과로 갖는 자연, 인간, 사회에 관한 일반적 신념이 영향을 미치는 영역은 그것들에 관한 특수학문의 신념이 영향을 미치는 영역보다 훨씬 넓다. 예를 들어, 어떤 집의 전기 고장을 수리하는 전기 기술자의 미숙함이 발생시키는 피해보다도 어떤 전기공학자의 그른 신념이 전기 관련 영역에 줄 피해의 정도는 훨씬 크다고 생각된다. 마찬가지로 자연의 한 부분 즉 물리적 부분에 대한 탐구 영역인 물리학이 잘못되었을 경우에 입힐 피해의 정도보다도 자연 일반에 대한 철학적 신념이 잘못되었을 때 입힐 피해의 정도가 상대적으로 클 것이다.

앞에서 살펴본 것처럼, 학문의 가치가 자신과 타인의 정신적·물질적 행복을 양적·질적으로 증진시키고 불행을 감소시키는 것이라면, 행복 증진 또는 불행 감소의 정도를 보다 크게 갖게 해 주는 철학이 학문으로서의 가치가 아주 크다고 할 수 있겠다.

제3부

과학기술철학연구
(Philosophical Studies of Science & Technology)

1. 과학기술철학연구의 의미

  과학·기술 그 자체 또는 그것이 우리 삶에서 직간접으로 사용될 때 발생하는 것들에 대해서 철학적 접근이 필요한 탐구 영역이 존재한다. 예를 들면, 과학용어는 어떻게 정의하는가, 관찰 및 실험의 역할은 무엇인가, 과학자들은 어떤 방식으로 자연법칙을 찾아가는가, 과학에서의 가설의 역할은 무엇이고 그것이 테스트될 때 어떤 논리적 구조를 갖는가, 과학적 설명은 다른 종류의 설명과 어떻게 다른가, 직접 관찰할 수 없는 전자·유전자·블랙홀 등은 실재하는가, 과학적 방법은 진리 탐구에 있어 다른 종류의 방법보다 월등한 것인가, 생물학은 물리학으로 환원이 가능한가, 과학은 어떤 방식으로 진보하는가, 과학에서의 합리성의 의미는 무엇인가, 과학과 기술은 어떻게 구분할 수 있고 서로 어떻게 영향을 주어 왔는가 등등이다.
  한편, 연구자들이 지켜야 할 윤리적 덕목은 무엇인가, 인간복제는 근본적으로 어떤 윤리적 문제를 함의하는가, 첨단정보기술 활용에 따른 프라이버시 침해는 도덕적으로 어떤 문제점을 갖는가, 현재의 에너지 수요와 경제적 효율성에 입각하여 원자력 발전소를 계속 증축한다는 생각이 미래 사회를 고려할 때 어떤 문제점이 있지 않은가, 과학자와 예술가의 상상과 창의성은 어떤 점에서 공약 가능하고 어떤 점에서 차이를 지니는가, 과학기술시대에 걸맞은 세계관과 인간관은 무엇인가, 과학과 종교는 상호 어떤 영향을 주어 왔는가 등등 문제도 과학·기술에 대한 철학적 접근의 학문영역이다.

이렇게 과학·기술 그리고 성과 활용과 관련하여 발생하는 철학적 물음에 답변을 구하고자 하는 탐구 영역은 과학기술과 철학의 전통적 분류방식에 따른 방법론(언어분석철학, 논리학)과 지식론, 가치론(윤리학, 미학), 존재론(형이상학)이 복합하여 이루어진 과학기술과 철학의 간(間)학문적(interdisciplinary) 연구 분야이다. 그리고 이 복합적 학문 분야를 '과학기술(에 대한) 철학(적) 연구'(Philosophical Studies of Science & Technology)라고 부르는 것이 적절해 보인다.

2. 과학기술철학연구의 가치

인간 역사에 있어 근현대는 어느 때보다도 과학·기술이 우리 삶에 큰 영향을 준 시대였다고 볼 수 있다. 뉴턴의 근대물리학, 다윈의 진화론 등을 통한 자연과 인간에 대한 과학적 이해는 우리의 지적 호기심을 상당히 객관적으로 충족시켜 주었으며, 그러한 과학의 성과는 기술 발전을 야기하여 산업혁명을 거치면서 우리에게 물질적 풍요를

안겨 주었다. 상대성이론, 양자역학, 분자생물
학, 컴퓨터공학, 유전공학 등의 발전으로 인간
의 지식은 훨씬 더 심오해졌으며 우리 삶은 양
적·질적으로 더욱 풍요로워졌다.

　이렇게 과학·기술이 우리 삶에서 중요한 위
치를 차지함에 따라 자연스럽게 과학(기술) 그
자체가 무엇인지, 과학의 목표는 진리 탐구인
지 아니면 설명과 예측에 필요한 지적 도구 완
성인지, 과학은 어떤 기준에 의해서 이론 선택
을 하고 그렇게 선택한 이론은 진리에 다가가

〈그림 7〉 다윈(Charles Darwin)

고 있는지, 과학적 방법은 무엇이고 다른 방법들보다 진리에 다가가
는 데 나은 방법인지, 과학은 비과학 또는 사이비 과학과 어떤 점에
서 다른지, 생물학이 물리학으로 환원 가능한지, 과학은 어떻게 진보
해 왔는지, 과학 용어는 어떻게 정의하는지 등등이 지적 호기심의 대
상으로 등장하게 되었다. 그리고 과학기술철학연구의 한 영역인 '과
학(기술)철학'[Philosophy of Science(Technology)]은 이러한 물음에 답
을 제공함으로써 이러한 지적 문제로부터 발생하는 부자유로부터 벗
어나 지적 행복을 얻게 해 준다.

　한편, 첨단 컴퓨터공학기술이나 유전공학기술 등은 예전에는 생각
지도 못했던 새로운 윤리문제들, 예를 들어, 인터넷 기술 발달, 스마
트폰 보급 등에 기인한 프라이버시 침해 문제 그리고 인간복제가 윤
리적으로 정당화될 수 있을까 등을 낳았다. 그리고 급속한 산업화에
따른 지구 전체의 기후 변화, 원자력발전, 유전자조작 등과 관련된 환
경·의료윤리문제 등이 우리에게 심각하게 다가와 있다. 이러한 문제

들에 대해서는 과학기술철학연구의 한 영역인 '과학기술윤리연구'(Ethical Studies of Science & Technology)가 우리의 실질적 불행을 감소시켜 줄 수 있는 방안들을 제시해 줄 것이다.

우리가 현재 살고 있는 포스트모던 시대의 스테레오타입은 이성과 감성의 융·복합, 소통을 특징으로 한다. 대표적으로, 과학(기술)과 (문화)예술의 융합은 아주 보편적 화두가 되었다. 그러한 추세 속에서 첨단 컴퓨터기술, 미디어와 예술의 협업으로 이루어진 미디어아트, 컴퓨터아트 등이 주목받는 새로운 예술 영역으로 자리 잡고 있다. 더욱 효과 있고 만족스러운 둘의 접목을 위해서 과학과 예술이 어떤 점에서 공통점을 지니고 있는가, 과학자의 상상과 창의성은 예술가의 그것들과 어떻게 다른가 등이 지적 관심거리가 되고 있는데, 과학기술철학연구의 한 영역인 '과학기술미학연구'(Aesthetical Studies of Science & Technology)가 답을 제공함으로써 지적 욕구를 만족시켜 주고, 더 나아가 과학과 예술의 만족스러운 융합 결과를 창출해 나갈 것이다.

어느 분자생물학자는 정신이 독립적으로 존재하지 않는다는 유물론적 세계관·인간관을 바탕으로 인간개체복제를 수행하면서도, 그의 삶 속에서는 사후에 자기 정신이 천국에 갈 수 있기를 기원하면서 성실한 신앙생활을 영위한다. 과학과 기술이 상당히 성숙한 시대에 걸맞은 세계관과 인간관은 무엇인가, 과학적 세계관과 인간관은 종교의 그것들과 어떻게 차이가 있는가, 과학과 종교는 상호 어떻게 영향을 주어 왔는가 등은 과학·기술과 관련된 형이상학적 물음들이다. 이러한 지적 문제들에 대해서 과학기술철학연구의 한 영역인 '과학형이상학연구'(Metaphysical Studies of Science)는 답을 제공코자 노력한다. 그리고 상당히 또는 부분적으로 설득력 있는 답을 제공함으로써 지적 부자유로부터 벗어날 수 있음과 더불어 그러한 세계관·인간관은 발견적 지침으로 작동하여 과학·기술을 올바른 방향으로 이끌어 실질적 행복을 증진시켜 줄 것이다.

3. 과학기술철학연구 방법의 특징

과학기술철학연구의 방법도 앞의 제2부 2장에서 살펴본 '철학의 방법'을 일반적으로 사용한다. 다시 말해서, '논리적 분석'과 '개념 분석' 즉 '분석의 방법'이다. 그런데 과학기술철학연구의 방법은 포스트모던 과학철학이 갖는 방법론적 특징을 갖는다. 그렇다면 포스트모던 과학철학의 특징과 방법상의 특이점은 무엇일까?

라우즈(J. Rouse)는 20세기의 과학철학을 '모던' 과학철학과 '포스트모던' 과학철학으로 구분한다. 논리실증주의 과학철학, 전통적 실재론, 포퍼, 쿤, 파이어아벤트 등 과학철학은 모던 과학철학에 속하고, 20세기 후반부 파인의 '자연스러운 존재론적 태도'(natural ontological attitude), 해킹의 '실험 실재론'(experimental realism), 카트라잇, 헤시 등의 과학철학은 포스트모던 과학철학에 속한다.

과학철학에서 '모던성'의 특질들은 성공적인 과학에 대한 '통일된' 그리고 '일반적'으로 합당한 이야기와 어떤 탐구 또는 그것의 결과가 과학적인지를 결정해 주는 '철학적 지침'을 강조하

〈그림 8〉 해킹(Ian Hacking)

는 것인 반면에, '포스트모던성'의 특질들은 개개 경우들의 판단을 위해서 적절한 '특수'하고 '국지적'인 기초와 실제의 구체적인 '과학적 실행'에 대한 관심을 강조하는 것이다.

과학철학에서 포스트모던성은 모던성 즉 무엇이 탐구 또는 그것의 결과를 성공적인 과학으로 만들어 주는가에 대해서 잘 설명해 주는 포괄적 이론이 꼭 있어야 한다는 생각을 거부한다. 반대로, 포스트모던 과학철학은 각각의 그런 경우들을 잘 설명해 주는 각각의 '국지적' 이야기들의 중요성을 강조한다. 그렇지만 포스트모던성은 과학의 자율성과 문화적 권위에 반대하지 않는다. 포스트모던 과학철학자들은 이것들이 과학 일반에 대한 포괄적인 이론 없이도 가능하다고 믿는다. 포스트모던 과학철학에서 '권위'는 적용범위가 국지화될 수밖에 없다.

포스트모던 과학철학은 성공적 과학의 정당성을 밝혀 주는 (과학에 대한 지도지침으로 작용하는) 철학적 이론의 필요성을 거부한다. 그리고 이것을 포스트모던 과학철학의 과학에 대한 '신뢰 태도'라고 부른다. 포스트모던 과학철학은 전반적으로 좋은 이해를 제공하고 있는 과학을 신뢰하고, 또 우리의 일상적인 양식을 신뢰한다. 이것은 포스트모던 과학철학이 파이어아벤트 같은 포스트실증주의 과학철학자들의 반과학적 결론에 찬성하지 않는다는 것을 보여 준다. 그렇지만 과학에 대한 신뢰 태도가 과학 행위에 대한 철학적 반성과 비판의 여지가 전혀 있을 수 없다는 것을 의미하지는 않는다. 과학철학에 대한 포스트모던 접근 방식이 추구하는 것은 과학철학적 토의들이 실제의 과학적 행위들에 보다 더 많은 관심과 주의를 기울여야 한다는 것이다. 과학에 대한 '신뢰 태도'를 통하여 과학의 합리적 승인 속에 실제로 무엇이 포함되어 있는가 또는 보일의 말대로 무엇이 '현명한 사람의 승인'을 받을 만한 가치가 있는가에 관한 이해를 얻을 수 있다는 것이다. 이러한 작업은 과학적 탐구와 관련된 다양한 맥락들 즉 과학적 탐구가 그 안에서 진행되고 있는 역사적 그리고 당대의 많은 관련 맥락들에 관한 연구를 포함한다. 이러한 상세한 작업을 통하여 개개의 특별한 경우의 각각의 판단들에 필요하고 적절한 국지적 그리고 '특수한' 기준들을 얻는다. 그런데 포스트모던 과학철학이 개개의 특별한 경우의 각각의 판단들에 대한 국지적이고 특수한 기준들을 주장한다 할지라도—쿤의 상대주의와는 달리—포스트모던 과학철학자들은 어쨌든 과학에서 특별한 경우에 월등히 적절한 기준들이 존재한다고 주장한다.

결론적으로, 과학기술철학연구의 방법이 갖는 특징은 과학·기술에 대한 다양한 철학적 연구가 과학·기술의 실제 행위에 대한 깊은 관심과 이해를 바탕으로 이루어진다는 점이고, 그 철학적 연구 성과가 과학·기술의 실제 행위 속에서 조화롭게 작동하고 있는지를 검토한다는 점이다. 그러기 위해서는 철학자와 과학기술자와의 충분한 소통이 중요하고 서로 간의 융·복합적 연구도 필요하다.

4. 과학기술철학연구의 분류

4.1. 과학(기술)철학

A. 과학철학의 의미와 가치

과학철학(Philosophy of Science)이란 과학에 관한 철학이다. 여기서 과학이란 제1부 3장에서 학문을 철학과 특수학문들로 분류했을 때 특수학문들 전반을 가리킨다. 그리고 철학이란 가장 일반적 수준의 학문 분야로서 인간, 세계 그리고 인간의 여러 행위들(지적·도덕적·사회적·예술적·종교적 행위 등등)에 관한 근원적인 신념들에 대한 (진리 탐구를 목표로 하는) 비판적인 (그리고 논리적인) 반성의 결과들의 체계이다. 따라서 과학철학이란 과학 즉 특수학문들 전반 또는 정당화된 옳은 명제들을 체계화하는 것을 목표로 삼는 과학자들의 제반 행위로서 과학에 대한 비판적인 반성 결과들의 체계이다.

특수학문들이 주제에 따라 여러 과학들로 나누어지는 것을 제1부 3장에서 우리는 이미 살펴보았다. 그래서 과학철학도 논리학철학(Philosophy of Logic), 수학철학(Philosophy of Mathematics), 사회과학철학(Philosophy of Social Science), 심리학철학(Philosophy of Psychology), 자연과학철학(Philosophy of Natural Science) 등등으로 나누어진다. 그런데 '과학'이 좁은 의미로 자연과학을 가리키는 경우가 많은 것처럼 '과학철학'도 자연과학철학을 가리키는 경우가 많다. 그리고 자연과학철학은 다시 물리학철학(Philosophy of Physics), 생물학철학(Philosophy of Biology), 기술(과학)철학(Philosophy of Technology) 등으로 나누어질 수 있다. 1절에서 대부분 '과학'은 자연과학을 가리키고 '과학철학'은 자연과학철학을 가리키는 것으로 사용할 것이다.

과학철학이란 과학에 대한 감정적인 비난이나 무조건적인 회의가 아닌 과학이라는 주제에 대한 진리들을 발견하고자 하는 목표를 지닌 비판적이고 이성에 의한 반성, 즉 깊은 논리적 사고의 결과로 얻은 진리들을 체계화한 것이다. 여기서 과학에 대한 진리들의 발견을 결과하는 비판적 반성이란 과학에 대한 철학함을 의미한다. 그리고 과학에 대해서 철학한다는 것은 과학의 일반적이고 근원적인 신념들의 정당화에 대한 논리적 분석—즉 그러한 신념들을 결론으로 갖는 추리들의 정당성에 대한 검토—과 그 신념들을 구성하는 데 사용하는 기초개념들에 대한 분석—즉 기초개념들의 명료화—을 의미한다. 결론적으로, 과학철학이란 과학의 일반적이고 근원적인 신념들의 정당화에 대한 논리적 분석과 그 신념들을 구성하는 것들의 일부인 기초개념들의 명료화 작업 뒤에 얻어진 옳은 명제들의 체계이다.

그런데 과학철학이 무엇인가를 보다 더 쉽고 분명하게 이해하는 방법은 과학철학자들이 어떤 종류의 일들을 하는가를 구체적인 예를 들어 가면서 살펴보는 것이다. 그러나 이 일에 들어가기 전에 과학철학(Philosophy of Science)과 혼동되지 않아야만 하는 과학적 철학(Scientific Philosophy)이 무엇인가를 간단히 살펴보자. 과학적 철학이란 사변철학에 맞서는 20세기 새로운 철학으로 과학처럼 논리성과 실증성에 기반을 둔 학문으로서의 철학인데, 과학의 발달에 따른 새로운 과학적 발견들이 여러 전통적인 철학의 문제들에 어떤 영향 또는 해답을 주는가에 대해서 연구한 성과들을 체계적으로 모아 놓은 것이다. 예를 들어, 빛에 대한 입자이론과 파동이론 모두가 받아들여지고 있다는 것은 논리적 원리들 중의 하나인 모순율—A이고 동시에

<그림 9> 라이헨바흐(Hans
Reichenbach)

A가 아니라는 것은 그르다—의 포기 또는 수정을 요구하는가, 양자역학의 불확정성 원리가 인간행위에 관한 결정론과 자유의지론 토론에 어떤 해답을 제공하는가, 최근의 실험심리학과 인공두뇌학 그리고 컴퓨터공학의 연구 성과들은 심신문제(mind−body problem)에 대한 물리주의 또는 인간기계론을 확증하는가 등등 문제에 대한 연구 결과들을 체계적으로 묶어 놓은 것이다. 과학적 철학에 대한 더욱 상세한 이해를 돕는 대표적 책들 중의 하나는 라이헨바흐의 *The Rise of Scientific Philosophy* [『과학의 발전과 함께 **새로운 철학이 열리다**』(김회빈 번역)]이다.

과학철학자(The Philosopher of Science)는 첫째로, 과학의 기초개념들의 분석 즉 그것들의 명료화 작업에 힘쓴다. 예를 들어, '공간', '시간', '시공간'(space−time), '생명', '진화', '유전자' 등등이 무엇을 의미하거나 가리키는지, 공간이나 시간이 실재하는지, 아인슈타인의 시공간(space−time) 개념이 뉴턴의 시간, 공간 개념들보다 물리학에 더 적절한 개념인지 등등을 명백히 밝히고자 노력한다. 이 분야에 관한 책들 중의 하나는 라이헨바흐의 *The Philosophy of Space and Time*[『시간과 공간의 철학』(이정우 번역)]이다.

둘째로, 과학철학자는 과학의 목표(the aim of science)와 그 목표를 달성하기 위한 과학적 방법(scientific method)에 관심을 갖는다. 과학의 목표는 실험·관찰 자료들을 기술하거나 설명하는 것인지 아니면 그 자료들을 다루기 위해서 직접적으로 관찰 불가능한 전자, 쿼크 등과 같은 이론적 대상들(theoretical entities)의 실재성을 가정해야만 하는 것인가, 과학적 지식을 얻음에 있어 관찰과 실험의 역할은 무엇인가, 과학적 설명이란 무엇이고 어떤 조건들을 갖추어야 하는가, 과학법칙이란 무엇이고 어떻게 발견되는가, 가설은 어떻게 입증되는가 혹은 단지 반증될 뿐인가, 과학이론은 이 세계의 사실들에 관한 진술들인가 아니면 단지 지적 도구(intellectual instrument)인가, 경쟁하는 두 이론들 사이에 선택의 기준은 무엇인가, 이론의 발견과 정당화의 맥락은 어떤 차이가 있는가, 과학과 비과학 또는 사이비 과학을 구분해주는 기준은 어떤 것인가, 과학적 방법이란 다른 어떤 방법들보다 이 세상에 관한 진리 발견에 월등한 방법인가, 과학철학은 과학에게 어떤 일반적 목표를 강요할 수 있는가 아니면 특수과학들의 방법들과 성과들에 대해서 철학적 도구를 가지고 2차적으로 반성하는 것을 임무로 삼아야 하는가 등등이 주된 문제들이다. '과학철학'(Philosophy of Science)이란 이름으로 출판되는 대다수 책들은 주로 이 분야를 다루고 있다. 그리고 대표적 책들 중의 약간은 헴펠의 *Philosophy of Natural Science*[『자연과학철학』(곽강제 번역)], 차머스의 *What Is This Thing Called Science?: An Assessment of the Nature and Status of Science and its Method*[『현대의 과학철학』(신일철 · 신중섭 번역)], 해킹의 *Representing and Intervening*[『표상하기와 개입하기』(이상원 번역)] 등이다.

〈그림 10〉 헴펠(Carl G. Hempel)　　〈그림 11〉『자연과학철학』

　셋째로, 과학철학자는 과학의 언어에 대한 깊은 이해를 제공하고
자 한다. 여기서 주된 관심은 과학이 특별한 언어를 채택하거나 필요
로 하는가, 관찰을 진술하는 데 사용하는 언어와 이론적 대상들을 지
시하는 데 사용하는 언어는 어떤 차이가 있는가 등등의 문제에 관해
서이다.

〈그림 12〉 쿤(Thomas Kuhn)　　〈그림 13〉『과학혁명의 구조』

넷째로, 과학철학자는 과학적 지식이 어떻게 성장·발전하는가에 관심을 갖는다. 과학적 지식은 차곡차곡 누적되면서 발전하는지 아니면 혁명적으로 발전하는지, 어떤 과학적 행위 발생의 역사적·문화적 배경은 그 행위의 내용과 질에 어떻게 영향을 주는지 등등이 여기서의 문제들이다. 이 분야에 관한 대표적 책들 중의 하나는 쿤의 *Structure of Scientific Revolutions*[『과학혁명의 구조』(김명자 번역)]이다.

다섯째로, 과학철학자는 개별 과학들 사이의 관계에 대하여 관심을 갖는다. 여기서 다루어지는 문제들은 과학 전반에 적용될 수 있는 어떤 일반적인 방법론이 제시될 수 있는가 아니면 과학의 여러 분과들에 대한 각기 다른 방법들과 설명의 형태들이 있는가, 물질과학, 생명과학 그리고 사회과학 등은 서로 어떻게 차이가 있는가, 생물학과 같은 어떤 과학들이 물리학과 같은 다른 과학들로 환원이 가능한가 등이다.

여섯째로, 과학철학자는 과학의 어떤 특수 분과와 관련을 맺으면서 일어나는 특별한 문제들에 관심을 갖는다. 그 문제들이란 의학은 과학보다는 기술(art)에 가까운가, 자유의지(free will)의 존재는 심리학과 같은 인간 행위에 대한 과학에 어떤 특별한 문제를 일으키는가, 표본 수효가 극히 제한적인 고생물학과 같은 경우에 통계적 기술을 유용하게 사용할 수 있는가 등등이다. 이 분야에 관한 대표적 입문서들 중의 하나는 피츠버그대학교의 과학사·과학철학과의 샐먼을 비롯한 여러 교수들에 의해서 공동 집필된 *Introduction to the Philosophy of Science*이다.

이상과 같이 과학철학자는 과학에 대하여 보다 깊고 넓은 이해를 제공하고자 노력한다. 그런데 왜 우리는 과학에 대한 철학적 탐구를 필요로 하는가? 다시 말해서, 과학철학의 가치는 무엇인가? 첫째로,

우리의 지적 탐구의 문제들 중에는 특수한 물음과 일반적 물음이 있다. 그런데 개별과학들의 연구에서는 첫 번째 종류의 물음들이 일어나고 관심사이지만, 보통 두 번째 종류의 물음들은 일어나지 않는다. 예를 들어, 물리학은 왜 연쇄반응이 어떤 종류의 물질에서는 일어나고 다른 종류의 물질에서는 일어나지 않는가에 대한 설명을 제공하는 것에 관심을 갖지만, 한 설명이 과학적 설명이 되기 위해서는 어떤 조건들을 갖추어야 하는가와 같은 일반적 물음에 대한 답을 제공하는 것을 일거리로 삼지 않는다. 생물학자는 어떻게 유전이 진행되는가를 알아보기 위하여 어떤 지역 안의 과실파리 집단을 연구하지만, 관찰과 이론 사이 관계의 본성은 무엇인가와 같은 일반적인 물음에 대한 답을 찾는 것을 그들의 (생물학자로서의) 일거리로 삼지 않는다. 이러한 두 번째 종류의 과학적 행위에 관한 일반적 물음에 대해서 답을 찾고자 노력하는 것이 과학철학자의 일이다. 그래서 과학철학은 과학에 대한 우리의 일반적 물음에 답을 제공하여 줌으로써 우리의 지적 영역을 깊고 넓게 해 준다. 그리고 우리가 과학에 대한 이러한 일반적 신념에 관심을 가져야 되는 이유는 그 신념이 일반적이고 근원적이라는 점에서 그것을 기초로 하여 이루어지는 과학 행위 전반에 미치는 영향이 크기 때문이다.

둘째로, 오늘날 과학적 지식은 우리 사회의 최상의 지적 성과로 인정받고 있다. 초등학교부터 대학까지 교과과정의 주요 부분으로 과학적 지식이 가르쳐지고 있으며, 정부·기업 등은 큰 비용과 때로는 즉각적인 실질적 이득을 얻지 못함에도 불구하고 과학적 연구에 지원을 아끼지 않고 있다. 그리고 한국을 비롯한 세계 각국의 많은 젊은이의 꿈들 중 하나는 노벨상을 받는 과학자가 되는 것이다. 이렇게 우리의 큰 관심과 투자의 대상이 되고 우리에게 큰 영향을 주고 있는 과학에 대하여 비판적인 분석과 합리적인 반성의 작업, 즉 철학하는 일은 당연히 필요한 것이고 우리는 이 일을 통하여 얻는 과학에 대한 깊고 넓은 이해를 바탕으로 개인적·사회적 그리고 정신적·물질적 행복을 증대시킬 수 있다.

지금까지 과학철학의 의미와 의의를 살펴보았다. 그런데 과학을 연구 대상으로 삼는 학문 분야에는 철학만이 있는 것이 아니다. 대표적으로 역사학·심리학·사회학 등이 과학을 대상으로 연구하고 있는 학문 분야이고, 그 성과들의 체계들은 과학사·과학심리학·과학사회학이라고 불린다. 끝으로 과학철학자, 과학사가, 심리학자 그리고 사회학자는 과학에 대하여 어떻게 달리 연구를 진행하고 있는가를 살펴봄으로써 과학철학이 과학사, 과학심리학 그리고 과학사회학과 어떻게 다른가를 밝혀 보고자 한다. 앞에서 살펴본 것과 같이 과학철학자는 지식 만들기 행위로서의 과학 기능과 아주 직접적으로 관련이 있는 과학의 일반적 특성들을 탐구한다. 다시 말해서, 과학적 입증의 본성, 과학이론의 인식적 격위, 과학적 설명의 본성과 종류들, 과학의 발전 유형들 등등에 대하여 깊은 이해를 얻고자 한다.

반면에 과학사가는 과학의 여러 개념, 방법 그리고 목표들이 어떻게 그것들의 발전 현 단계에 이르렀는가, 어떤 특별한 요인들이 여러 시대와 장소에 있어 그것들에 대하여 현격한 변화를 일으켰는가, 어떤 특별한 사회적 그리고 경제적 힘들이 이러한 변화들을 조장하거나 막아 왔는가 등등에 관하여 알아보고자 한다. 심리학자는 어떤 유형의 인간들이 과학이라는 일에 종사해 왔는가, 그들의 성격과 동기는 그들의 연구 방식에 어떤 관계를 맺어 왔는가, 어떤 심리적 과정들이 그들의 연구 성격을 규정해 왔는가 등을 분석한다. 그리고 사회학자는 과학자들이 얼마나 그리고 어떤 방식으로 그들이 속해 있는 사회와 문화의 맥락들의 영향을 받는가, 한 사회의 전제 조건들은 어느 정도까지 과학적 연구 결과의 형태에 영향을 주는가 등에 대해서 이해하고자 한다.

한편 과학사나 과학사회학은 앞에서 예로 든 문제들에 관하여 답이 되는 사실들을 기술하는 기술학문 분야(descriptive discipline)인 데 반하여, 과학철학은 과학자들이 실제로 갖는 과학의 목표(goal)와 방법들(methods)이 무엇이라고 기술하는 기술학문 분야적 성격과 그러한 목표와 방법들 중에 어떤 것이 올바른가를 결정하는 것을 목표로 삼아 그중의 어떤 목표나 방법이 과학의 목표나 방법이어야만 한다고 주장하는 규범학문 분야(normative discipline)적 성격 둘 다를 지니고 있다고 받아들여지고 있다.

그런데 과학철학과 과학사·과학심리학·과학사회학 등은 서로 영향을 주고받는다. 예를 들어, 과학사적 자료들은 과학적 발전의 일반적 유형들에 관한 철학적 견해들을 제시해 왔고, 이 과학철학적 견해들은 보다 더 적절하고 깊이 있는 과학사를 구성하는 데 도움이 될 것 같다. 또한 이론 검증의 본성에 관한 각기 다른 과학철학적 견해들은 과학자들의 이론 승인과 거부에 대한 사회적 요인들의 영향에 관한 각기 다른 과학사회학적 견해들을 만들고, 이 분야에 대한 충분한 과학사회학적 연구는 그러한 과학철학적 견해들 중에 어떤 것이 더 적절한가를 검사하고 그것들을 더욱 다듬을 것이다. 그리고 가장 적절한 과학상(the picture of science)은 의심의 여지없이 과학철학·과학사·과학사회학·과학심리학 등과 같은 과학에 대한 여러 접근

방식들의 협동 작업 결과로 만들어질 것이다.

B. 과학철학의 주제

앞서 과학철학자들이 어떤 문제들에 관심을 가지고 있는가에 대해서 간단히 살펴보았다. 이제 과학철학의 주제들을 체계적으로 소개하고자 한다. 첫째로, 자연과학철학의 일반적 주제들을 설명하고, 둘째로 자연과학의 개별 영역들에 대한 철학적 주제들을 살펴보고자 한다. 그리고 각 주제들에 대해서 역사적으로 의미 있었던 업적을 남긴 철학자·과학자들의 주장을 소개하고자 한다.

a) 과학철학의 일반적 주제

가설의 입증(The Confirmation of Scientific Hypothesis)

제1부, 2장 2.3. '가설의 방법'에서 이미 살펴보았듯이 예기치 못한 현상들에 직면하고 기존의 법칙이나 이론으로 설명되지 않을 때 새로운 가설을 세우고 그것에 의해 설명코자 한다. 우리는 실험 등을 통해 '투박한 억측'을 가설로 만들고, 그 다음에 가설로부터 이끌어낸 시험명제에 대한 검사를 통하여 가설을 입증하고자 한다.

'가설의 입증'이라는 주제 아래 다루어지는 문제들은 가설의 입증 절차는 어떻게 짜이는가, 가설의 입증에 대한 헴펠의 가설—연역적 모델의 문제점은 무엇인가, 가설은 입증이 아니라 포퍼가 주장하듯 반증될 뿐인가, 반증의 절차는 어떻게 짜이는가, 하나의 반증사례 아래 가설을 버려야 하는가, 가설과 법칙, 이론은 어떤 차이가 있는가 등등이다.

〈그림 14〉
아리스토텔레스(Aristotle)

아리스토텔레스는 과학적 절차에 관한 귀납－연역적 방법에서 관찰과 귀납적 일반화의 방법을 통한 설명 원리들을 찾아내고 그것들을 가지고 현상들을 연역적으로 설명하는 절차만을 이야기한 반면에, 중세 때 로저 베이컨과 그로스테스트는 귀납적으로 얻은 원리들에 대한 실험적 검사의 단계를 그 절차에 첨가하였다. 즉 그들은 가설의 검증 또는 입증의 문제에 관심을 가지고 이 문제를 과학철학의 한 주제로 소개하였다.

한편, 그로스테스트는 '반증의 방법'(Method of Falsification)을 제공하였는데, 이 방법은 만일 어떤 한 가설이 우리의 경험에 의하여 옳고 그름을 확인할 수 있는 어떤 결과를 함의하고 있고 그 결과가 그르다는 것이 밝혀진다면, 그 가설은 그름이 틀림없다는 것이다. 하지만 가설은 보조가설과 더불어 검증되기 때문에 반증사례가 발견되었다 할지라도, 가설이 그르다고 바로 논리적으로는 판명되는 것이 아니라는 것이 뒷날 주장되었다.

갈릴레이와 뉴턴은 가설의 실험에 의한 입증을 중요시하였고 프랜시스 베이컨은 반증의 방법을 지지하였다. 이어 허셜과 제본스는 후에 20세기 논리실증주의자, 특히 헴펠에 의해서 더욱 정교하게 발전된 가설의 입증이론인 '가설－연역적 방법'(Hypothetico－Deductive Method)을 지지하였다. 그리고 헴펠의 입증이론을 받아들일 때 발생하거나 발생하는 것처럼 보이는 역설에 대한 해결책을 제공하고자 노력하는 과정에서 글리무어의 구두띠 입증이론, 베이즈주의자의 입증이론 등이 활발히 토론을 벌였고 벌이고 있다.

'반증의 방법'을 받아들이고 세련되게 발전시킨 포퍼는, 적절한 경험과학의 방법은 이론이 지속적으로 반증될 수 있는 가능성이 열려 있도록 해야 한다고 주장한다. 반증가능성이 항시 열려 있음에도 불구하고 오랫동안 반증되지 않고 지탱되어 온 이론이 훌륭한 이론이다. 그의 책 *Conjectures and Refutations*에서 과학의 역사는 추측, 반박, 수정된 추측, 재반박의 연속이라고 본다.

〈그림 15〉 포퍼(Karl Raimund Popper)

과학적 설명(Scientific Explanation)

자연과학은 왜 어떤 자연현상들이 일어나는가에 대해서 설명을 제공함으로써 자연에 대한 보다 더 깊은 이해를 얻고자 한다. 그런데 왜 어떤 자연현상이 일어나는가에 대해서 신화나 고대 자연철학도 설명을 제공하고자 노력했다. 하지만 오늘날 우리들은 과학적 설명을 더욱 신뢰하고 있다. 따라서 과학철학은 이러한 과학적 설명에 관한 깊은 이해를 목표로 삼는다.

이 주제 아래 다루어지는 문제들은 과학적 설명이 갖추어야 될 조건들은 무엇인가, 과학적 설명은 어떤 논리적 구조를 갖는가, 과학적 설명에는 어떤 종류들이 있는가, 과학적 설명이 설명하는 것은 반드시 법칙을 포함해야 하는가, 목적론적 설명도 과학적 설명의 한 종류일 수 있는가 또는 그 설명은 물리과학이 아니라 생물학에만 적용될 수 있는 것인가, 과학적 설명이 다른 설명들보다 더 나은가 그리고 만약 그렇다면 그 근거는 무엇인가 등등이다. 그리고 과학적 설명이라는 주제와 연관하여 법칙이란 무엇인가 즉 어떤 조건들을 충족시켜야 하는가, 법칙이란 어떤 종류들이 있는가 등등의 문제가 다루어진다.

과학철학의 선구자라 할 수 있는 아리스토텔레스는 '과학적 탐구 방법' 즉 '귀납－연역적 방법'의 연역단계에서 '과학적 설명' 주제를 비교적 체계적으로 다루었다고 볼 수 있다.

20세기 논리실증주의 과학철학자의 한 사람인 헴펠은 왜 어떤 현상이 발생하는가에 대한 과학적 설명은 그 현상을 법칙 밑에 포섭시킴으로써 이루어진다고 주장하면서 과학적 설명의 두 가지 형태를 다음과 같이 형식화하였다.

<법칙－연역적 설명>

| 설 명 하는 것 | $L_1, L_2, \cdots, L_k$ | 보편법칙 |
| | $C_1, C_2, \cdots, C_r$ | 선행조건 진술 |

$$\therefore E \qquad \text{현상 기술}$$

설 명
되는 것

<확률적 설명>

$$SL_1, SL_2, \cdots, SL_k \qquad \text{통계법칙}$$
$$C_1, C_2, \cdots, C_r$$

$$\therefore E$$

법칙－연역적 설명에서 법칙들은 '모든 ……은 ……이다'라는 형식을 가진 보편법칙들이고, 설명하는 것과 설명되는 것의 논리적 관계는 연역이다. 확률적 설명에서 법칙들은 '높은…… %의 ……은 ……이다'라는 형식을 가진 통계법칙들이고, 설명하는 것과 설명되는 것의 논리적 관계는 귀납이다. 그리고 브래드와잇과 네이글 같은 과학철학자들은 과학법칙들의 특징을 밝히는 일에 관심을 가졌었는데, 일반적으로 과학법칙은 '모든 ……은 ……이다'라는 보편진술형식을 갖고, 이 것은 다시 '만일 ……이 ……이라면, ……은 ……일 것이다'라는 반사실적 조건 진술(counterfactual conditional) 형식을 갖는다고 주장했다.

이론의 본성(The Nature of Theories)

개별 과학들은 각각의 관심 영역에 대하여 세워진 이론을 통하여 그 영역에 대한 보다 깊은 이해를 제공하고자 한다. 그런데 과학이론이란 무엇인가, 과학이론의 구성요소들은 무엇인가, 그 구성요소의 하나인 모델은 이론으로부터 법칙들을 연역하는 데 꼭 필요한가, 이 론화 작업과 실험 행위는 서로 어떤 관련이 있는가 등등이 과학철학의 이 주제 아래 다루어지는 문제들이다.

뒤엠은 그의 책 *The Aim and Structure of Physical Theory*에서 과학이론은 공리체계, 공리체계의 일부 용어들과 실험적으로 결정되는 양을 연결시키는 대응규칙들, 그리고 해석된 공리체계와 관련 있는 모델(모형, 그림)로 구성된다고 주장했다. 그런데 이론으로부터 실험법칙들이 연역되는 절차에는 이론의 구성요소들 중에 공리체계와 대응규칙들만으로 충분하고 모델은 필요하지 않기 때문에, 모델은 이론의 논리적 구조의 부분이 아니라 그 이론이 함께 묶는 실험법칙들 외의 다른 실험법칙을 찾는 데 사용되는 발견적인(heuristic) 장치일 뿐이라고 뒤엠은 주장한다. 그러나 캠벨은 모델이나 유추(analogy)는 단지 발견적 장치인 것만이 아니라 법칙을 설명하는 이론의 본질적인 부분이라고 뒤엠에 반대하였다.

헴펠은 과학이론이 어떤 구조를 갖는가라는 문제에 관심을 가졌었

〈그림 16〉 카르나프(Rudolf Carnap)

는데, 그는 카르나프의 견해—과학이론은 무정의 용어들과 공리들의 공리체계(axiom system)와 그것의 해석 즉 그것을 관찰수준의 것들과 연결시켜 주는 의미론적 규칙들(semantic rules)의 체계로 구성된 해석체계(an interpreted system)의 형태를 취한다—에 동의하였다. 헴펠은 뒤엠을 지지하며 이론이 법칙을 설명하는 데 모델이 어떤 역할을 수행하지 않는다고 주장했다. 그러나 하레는 뒤엠과 헴펠에 반대하고 모델들이 이론의 본질적인 구성요소들 중의 하나라고 주장하였다.

이론의 인식적 격위(The Cognitive Status of Theories)

과학용어들은 이른바 관찰용어와 이론적 용어로 나누어진다. 그리고 이론은 이론적 용어들, 예를 들어, 전자・쿼크・유전자・블랙홀 등등을 포함하는 문장들을 가진다. 그런데 이론적 용어들을 포함하는 문장들은 문자 그대로 옳거나 그를 수 있는 진술(statement)들인가 아닌가, 이론적 용어들은 이 세상에 실재(reality)들을 가리키고자 하는가, 이론적 대상(theoretical entity)들은 실재하는가, 설명력 또는 예측력을 갖는 훌륭한 이론들은 옳다고 정당화될 수 있는가, 관찰용어와 이론적 용어들을 나누는 데 적용되는 엄밀한 기준이 있는가, 관찰용어들은 이론 적재적(theory-laden)인가 등등이 이 주제 아래 다루어지고 있는데, 과학적 실재론자와 반실재론자(도구주의자, 구성주의자, 약정주의자)가 이론과 이론적 용어들에 대한 해석의 수준과 훌륭한 이론의 진리성과 이론적 대상들의 실재성의 정당화에 대한 지식론적 수준에서, 예를 들어, 반실재론자인 반프라센과 실재론자인 해킹 등이 활발히 토론한다.

2세기의 천문학자 프톨레마이오스는 행성의 겉보기 역행운동 즉 지구상의 관찰자에게 행성이 배경의 별들에 대하여 운동 방향을 반대로 바꾸는 것처럼 보이는 현상을 똑같이 잘 해명해 주는 두 개의 기하학적 모델들 즉 주전원－대원 모델(the Epicycle－Deferent Model)과 운동하는 이심원 모델(the Moving－Eccentric Model)을 소개하였다. 프톨레마이오스는 그의 책 *Almagest*에서 천문학자는 현상들을 잘 설명해 내는 수학적 모델을 제공하는 것을 목표로 삼으면 될 뿐, 행성들의 실재 운동에 관한 이론을 제공할 필요는 없다고 생각한다. 그리고 수학적 모델들은 행성의 실재 운동에 관한 옳거나 그른 문장 즉 진술이 아니라, 단지 계산장치 즉 지적 도구일 뿐이라고 주장한다. 하지만 그는 또 다른 책 *Hypotheses Planetarum*에서는 그의 복잡한 원들의 체계는 행성들의 실재 운동 구조를 기술하고 있다고 주장한다. 프톨레마이오스는 과학이론의 목표나 본성이 이 세계에 관한 진리를 기술하는 것을 목표로 삼고 그 이론은 옳거나 그른 문장 즉 진술들의 체계인지, 아니면 과학이론은 단지 현상을 설명하거나 예측을 위한 도구일 뿐이고 이 세계에 관한 진리를 기술하는 것을 목표로 삼지 않는 것인가라는 주제, 즉 이론의 인식적 격위에 대한 문제에 일관성 있는 견해를 주지는 못했지만, 이 문제에 관심을 보인 과학철학자였다.

프톨레마이오스는 지구－중심 천문학 체계를 수립했었지만, 근대에 와서 코페르니쿠스는 태양－중심 천문학 체계를 내놓았다. 루터파 신학자 오시안더는 천문학 이론에 대한 프톨레마이오스의 초기 생각

〈그림 17〉 프톨레마이오스　　　　〈그림 18〉 코페르니쿠스
(Klaudios Ptolemaios)　　　　　　(Nicolaus Copernicus)

을 지지하면서, 코페르니쿠스의 태양-중심 체계도 행성들의 위치를 잘 예측하기 위하여 자유롭게 만들어진 수학적 모델 즉 계산 장치에 지나지 않는다고 주장했다.

　그러나 코페르니쿠스 자신은 자기의 태양-중심 체계는 계산 장치 이상의 것이며, 자신의 체계는 천문현상들 속에 실제로 있는 수학적 조화의 관계를 표현하고 있다고 주장한다. 그리고 프톨레마이오스의 체계보다 자신의 체계를 선택해야만 하는 이유로서, 더 나아가 경쟁 하는 이론들 중에 어느 것을 선택해야 하는가에 대한 기준으로서 자신의 체계가 적용되는 영역이 넓다는 점, 즉 태양계 전체에 대한 통합적 모델이라는 것과 어느 경쟁 가설들보다 자세한 부분까지 예측과 설명이 가능하다는 점, 즉 행성들의 역행운동의 정도와 빈도까지 설명할 수 있다는 것을 들었다. 갈릴레이 역시 코페르니쿠스의 입장에 동조하며, 태양-중심설은 단지 계산 장치인 것만이 아니라 이 세계의 사실을 진술하고 있고, 적절하게 짜인 실험들에 의하여 이 우주

안에 실제로 있는 수학적 조화관계를 확인할 수 있다고 주장했다.

〈그림 19〉 갈릴레이(Galileo Galilei)

뉴턴의 실재론에 반대하여 절대공간과 절대시간에 관한 언급 없이 마하는 역학(mechanics)을 재구성하고자 하였고, 과학이론이란 옳거나 그를 수 있는 진술들의 집합이 아니라 단지 현상들을 예측하는 데 사용하는 계산 장치, 즉 지적인 도구(intellectual instruments)에 지나지 않는다는 과학이론에 관한 도구론(instrumentalism)을 지지하였다. 그는 과학이론이란 옳거나 그른 진술이 아니라 약정(convention)과 같은 것이어서 옳거나 그름이 입증되거나 반증되는 그런 것일 수 없다고 보았다. 뒤엠과 포앵카레도 이 약정주의에 동의하였다.

20세기 논리실증주의자들이 과학이론의 인식적 격위에 관한 실재론/반실재론 논쟁에 언어분석적 접근 방식을 도입한 장본인이라는 것은 명백하다. 그들은 이론적 용어와 이론의 해석(interpretation)에 관한 문제에 관심을 보였다. 실증주의자들은 이론이 진술들의 구성체가 아니라 단지 논리적 도구라고, 또한 이론적 용어는 실재자(existent)를 지시하지 않는 것으로 해석한다.

셀라즈, 콰인, 퍼트남, 보이드 같은 많은 저명한 철학자들이 실재론을 되살렸고, 60년대와 70년대에 그것을 지배적인 견해로 만들었다. 그들에 의하면, 외관상으로 진술처럼 보이는 과학의 문장은 진짜 진술, 즉 옳거나 그를 수 있는 문장이다. 그리고 이론적 대상은 실재자를 지시하고자 한다.

〈그림 20〉 퍼트남
(Hilary Putnam)

과학적 실재론 토론의 진행 수준이 1980년에 반 프라센에 의하여 그의 책 *The Scientific Image* 출판과 더불어 바뀌었다. 반 프라센은 앞의 실재론자의 이론적 용어와 이론의 해석에는 동의하지만, 지식론적 문제를 제기하여 반실재론자와 실재론자 사이의 논쟁을 다시 일어나게 했다. 그의 실재론에 대한 반대는 이론과 이론적 대상에 관한 지식론적 수준에서 진행된다. 그에 의하면, 비록 이론이 옳거나 그르고 그것이 가정하는 이론적 대상이 실제로 존재할는지도 모르지만, 그 이론이 옳고 그것에 의하여 가정된 대상이 실재한다는 주장에 대한 충분한 증거가 없다. 그리고 과학이론은 그것이 관찰 가능한 것들에 관하여 이야기하는 바가 옳으면 된다. 즉 경험적 적합성(empirical adequacy)을 지니면 된다고 주장한다.

〈그림 21〉 *The Scientific Image*(『과학적 이미지』)

50년대 이래 실재론자들은 과학적 실재론을 이론의 진리성에 대한 주장으로 여겨 왔지만, 오늘날 여러 실재론자들은 과학적 실재론을 어떤 이론적 대상들이 실재한다는 주장에 한정시키는 편이 보다 낫다고 생각한다. 실재론자와 반실재론자 사이의 현재 논쟁은 주로 이론적 대상에 대한 지식론적 문제에 관해서 진행된다. 실재론자는 훌륭한 이론에 의하여 가정된 이론적 대상의 실재성에 관한 신념이 정당화된다는 것을 보여 줘야 된다.

해킹은 그의 책 *Representing and Intervening*에서 이론화(theorizing)의 수준에서는 과학적 실재론을 결정적으로 지지하거나 반대하는 논증이 있을 수 없는 것이 아닌가 의심한다. 그렇더라도 실험(experimentation)의 수준에서 (이론적 대상에 대한) 과학적 실재론을 위한 결정적 논증이 있을 수 있다고 생각한다. 해킹에 의하면, 물리적 세계의 다른 부분에 직접적으로 영향을 주는 인과적 도구로서 전자와 같은 어떤 이론적 대상들을 실험에서 사용하는 것이 그것들의 실재성에 관한 신념의 정당화에 대한 충분한 증거이다.

해킹은 전자와 같은 약간의 이론적 대상들이 실재한다는 신념에 대한 완벽한 정당화의 경우에, 증거가 쿼크와 같은 보다 더 가정적인 이론적 대상을 연구하는 실험에서 전자와 같은 이론적 대상을 우리들이 인과적 도구로써 사용하고 있는 것이라고 주장했다. 그는 (지식론적 수준에서) 전자에 대해서는 강한 의미로 실재론자이지만, 쿼크에 대해서는 강한 의미로 실재론자가 아니다. 해킹의 특수 실재론(realism−in−particular)에 대한 강조는 포스트모던 과학철학의 특질과 잘 어울린다.

이 주제와 관련하여 과학은 옳거나 적어도 옳을 것 같은 이론을 세우는 것을 목표로 삼아야 하는가 아니면 단지 적절한 설명과 예측을 해내는 도구적 역할만을 수행해 내는 이론을 구성하는 것을 목표로 삼아야 하는가 등 과학 목표에 관한 문제가 다루어진다. 일반적으로 실재론자는 전자에 그리고 반 프라센과 같은 반실재론자는 후자의 과학 목표에 동의한다.

〈그림 22〉 *Representing and Intervening*

과학의 합리성(The Rationality of Science)

과학자들은 다양한 입증사례가 있을 때, 설명 또는 예측력, 미치는 범위가 넓은 비옥도 등에 비추어 가설 또는 이론을 받아들인다. 그런데 그러한 기준들 중에 가설 선택에 있어 월등한 기준이 존재하는 것일까? 그리고 그 월등한 기준에 비추어 선택한 이론은 옳거나 옳음 직한 것일까? 월등한 기준이 존재하고 그렇게 선택한 이론은 옳거나 옳음 직하다고 주장하는 사람을 과학철학에 있어 '합리주의자'라고 한다. 헴펠, 포퍼, 라카토스 등이 합리주의자에 속한다.

라카토스는 한 연구 프로그램이 보다 더 많은 부가적인 데이터를 예상하고 적응시키는 힘을 발휘할 수 있을 때에만 긍정적 평가를 받는다고 주장한다. 이론들의 평가에 대한 객관적 기준의 존재를 인정하지 않았던 쿤에 반대하여, 라카토스는 이론들의 연속에 대한 객관적 기준이 있다고 주장한다. 그리고 그 기준은 후속이론이 앞선 이론에 의해서 설명된 것들을 모두 설명할 수 있고, 후속이론이 앞선 이론보다 많은 경험적 내용을 갖고, 후속이론의 부가적 내용의 일부가 입증되어야 한다는 것이다. 라카토스는 이러한 이론들의 진보적 연속을 수행하는 연구 프로그램이 좋은 평가를 받는다고 주장한다.

〈그림 23〉 파이어아벤트
(Paul Feyerabend)

그러나 그런 월등한 기준이 존재하지 않는다고 주장하는 과학철학에 있어 '상대주의자'가 있고 그들은 과학에 있어 가설 선택의 기준이 그때그때 합의될지라도 그 기준에 맞는 이론이 옳거나 옳음 직하다고 볼 수 없다고 주장한다. 쿤, 라우든, 파이어아벤트 등이 상대주의자에 속한다.

파이어아벤트는 라카토스의 과학적 진보에 대한 합리적 재구성은 긴 과학의 역사 진행 전반에 걸쳐 적용되기보다는 비교적 어떤 한정된 시간 속에서만 적용되는 것이라고 비판한다. 그리고 라카토스는 연구 프로그램의 평가에 대한 자신의 기준을 과학자들이 연구를 진행할 때 꼭 따라야만 되는 것으로 강요할 필요는 없다고 주장하면서, 과학자들이 지금은 진보적이지 않은 프로그램을 보다 많고 깊은 연구가 그 프로그램을 진보적인 것으로 만들 것이라는 희망을 갖고 선택하는 것은 전혀 비합리적이지 않다고 생각한다.

과학적 진보(Scientific Progress)

'논리실증주의 과학철학자'들은 주로 적절한 과학적 방법, 즉 과학자들이 모범으로 삼아야 될 방법들의 논리적 측면을 밝히면서 과학에 대한 합리적 재구성을 시도하였다. 그러나 과학사의 구체적이고 실제적인 자료들에 큰 관심을 가졌던 '역사주의 과학철학자'들은 주로 과학적 변화 또는 과학적 진보에 대한 합리적 재구성을 시도하였다.

이 주제 아래 다루어지는 문제들은 네이글의 주장처럼 과학이 차곡차곡 더 많은 법칙들을 발견하고 앞선 이론보다 더 적용 범위가 넓은 이론들을 세우면서 누적적으로 발전하는지 아니면 툴민, 한센, 쿤의 주장처럼 혁명적으로 앞선 이론이 후속이론에 의하여 교체되면서 발전하는지, 앞선 이론과 후속이론, 예를 들어, 뉴턴이론과 상대성이론은 공약 불가능(incommensurable)한지 등등이다.

*The Structure of Science*의 저자인 네이글은 과학적 진보란 갈릴레오의 낙체법칙이 뉴턴 역학으로 환원되고 고전 열역학이 통계역학으

로 환원되듯이 한 이론이 보다 더 포괄적인 이론으로 환원되는, 즉 합병(incorporation)되는 것이라는 것을 근대 과학의 역사는 잘 보여 주고 있다고 주장한다.

파이어아벤트는 고전열역학이 통계역학으로, 뉴턴역학이 상대성이 론으로 환원될 수 없다고 주장하여 과학의 진보가 한 이론이 보다 더 포괄적인 이론으로 환원되는 즉 합병되는 것으로 이루어진다고 보는 네이글의 견해에 반대하였다.

근대 휘웰과 기본적인 생각을 공유했던 역사주의 과학철학자 쿤은 과학 역사 속에서의 과학 발전에 대한 자신의 해석을 기초로 하여 과 학적 진보에 대한 합리적 재구성을 시도하였다. 쿤은 과학적 진보를 이론들의 환원 즉 합병으로 보는 논리실증주의 과학철학자들의 과학 적 진보에 대한 연속적 견해를 받아들이지 않고, 과학적 진보는 과학 자들이 현상을 파악하는 어떤 방식이 전혀 새로운 방식에 의해서 혁 명적으로 대치됨으로써 이루어진다는 툴민과 한센의 과학적 진보에 대한 불연속적 견해를 지지하였다. 그래서 그는 과학적 진보에서의 앞의 것과 뒤따르는 것의 불연속성의 중요성을 강조하는 과학적 진 보에 관한 한 모델을 제안하였다. 그 모델에 따르면, 어떤 집단의 구 성원들이 승인하고 있는 신념, 가치, 기술의 집합 즉 한 패러다임이 새로운 상황들에도 계속 적용되는 정상과학(Normal Science)의 기간 과 앞선 패러다임과 새로운 패러다임이 경쟁하다가 패러다임 교체가 일어나는 혁명과학(Revolutionary Science)의 기간이 번갈아 나타나면 서 과학은 진보하는 것이다.

과학의 구획 기준

이 주제 아래 다루어지는 문제는 과학을 비과학 또는 사이비 과학과 구별을 해 주는 어떤 기준이 있는가 등이다. 일명 비엔나학파라고 불리는 논리실증주의자들은 경험과학의 문장들이 의미(significance)를 가지려면 검증 가능(verifiable)하여야 한다고 제안했다. 그러나 우리가 이렇게 엄격한 의미기준을 받아들인다면, 우리는 보편명제형식을 가진 법칙과 같은 과학의 많은 일반 문장들을 의미 없는 것으로 보아야 한다. 그래서 논리경험주의자들은 의미기준을 다소 완화하여 경험과학의 일반 문장들은 입증 가능(confirmable)하여야 의미를 지닌다고 주장했다. 어떤 일반 문장이 입증 가능하다는 것은 그 일반 문장으로부터 논리적으로 이끌어 내어지는 특수 문장이 검증 가능하다는 것이다.

그러나 포퍼는 그의 책 *Logic of Scientific Discovery*에서 경험과학의 의의는 그것의 방법에 의거하여 찾아야 하는데, 경험과학과 사이비과학을 구분하는 기준은 반증가능성(falsifiability)이라고 주장했다. 포퍼는, 적절한 경험과학의 방법은 이론이 지속적으로 반증될 수 있는 가능성이 열려 있도록 해야 한다고 주장한다. 그에 의하면, 반증가능성이 항시 열려 있음에도 불구하고 오랫동안 반증되지 않고 지탱되어 온 이론이 훌륭한 이론이다. 그리고 과학적 해석들이 지속적으로 반증가능성이 열려 있다는 것이 과학적 진보를 촉진한다고 본다.

그렇다면 과학 즉 과학적 방법은 진리 획득에 다른 것들보다 월등한 방식인가? 파이어아벤트 등은 과학의 문화적 권위를 인정하지 않는다. 하지만 앞의 3장에서 살펴보았듯이, 포스트모던 과학철학은 전반적으로 좋은 이해를 제공하고 있는 과학을 신뢰하고, 또 우리의 일상적인 양식을 신뢰한다. 이것은 포스트모던 과학철학이 파이어아벤트 같은 포스트실증주의 과학철학자들의 반과학적 결론에 찬성하지 않는다는 것을 보여 준다.

b) 물리과학철학(Philosophy of the Physical Sciences)

공간과 시간의 철학(Philosophy of Space and Time)

'공간'과 '시간'은 물리과학의 중요한 개념들이다. 고대 자연철학자와 수학자 그리고 근대 과학자와 철학자들은 이것들에 관심을 가졌었고, 현대에 들어 아인슈타인의 상대성이론과 관련하여 공간과 시간에 대한 철학이 과학철학의 한 분야로 자리 잡게 되었는데, 라이헨바흐 등이 이 분야를 본격적으로 다루었다.

이 주제 아래 다루어지는 문제들은 공간과 시간은 실재하는가 아니면 사물들과 사건들의 관계일 뿐이거나 무질서한 경험들을 질서 지어 주는 칸트가 말하는 감성의 형식들인가, 뉴턴의 '절대시간'과 '절대공간' 개념들보다 아인슈타인의 '시공간' 개념이 물리학에 더 적절한 것인가, 물리적 공간과 수학적 즉 기하학적 공간은 어떤 차이가 있는가, 유클리드 기하학 그리고 여러 비유클리드 기하학 중에 어떤 모델이 가장 물리학에 적절한 공간 개념을 갖고 있는가, 시간은 한쪽 방향으로만 흐르는가, 시공간적 관계들은 인과적 관계로 환원되는가, 아인슈타인의 동시성에 대한 분석 등을 토대로 발전된 상대성이론과 논리실증주의들의 검증가능성 기준 즉 이 세상에 관한 문장들은 검증 가능할 때에만 의미를 가진다는 것은 어떤 관계가 있는가 등등이다.

물리과학에서의 결정론(Determinism)

과학에서의 결정론이란 모든 현상이 인과율에 의하여 결정되어 있다는 신조이다. 그런데 양자역학(quantum mechanics)은 현재의 상태가 미래의 상태를 고정시키는 것이 아니라 오직 여러 미래의 상태들에 걸친 확률 분포만을 보여 주는 비결정론적(nondeterministic) 법칙을 포함하는 이론인 것처럼 이해되었다. 양자물리학(quantum physics)에 오면 결정론적 신조는 깨어지는가, 양자역학이 옳을지라도 거시의 세계에 관해서는 계속 결정론적 신조가 유지되는가, 결정론적 신조와 고전물리학(classical physics) 및 상대론적 물리학(relativistic physics)은 잘 조화를 이루는가, 결정론과 확률 및 예측은 어떤 관계가 있는가, 결정론과 공간 및 시간의 본성과의 관계는 무엇인가 등등이 이 주제 아래 다루어지고 있는 문제들이다.

c) 생물학철학 및 의학철학

생물학철학(Philosophy of Biology)

70년대에 접어들면서 헐과 로젠버그 등에 의하여 생물학에 대한 철학적 작업이 본격적으로 이루어졌다. 오늘날은 특히 진화생물학(Evolutionary Biology)과 유전학에 관하여 철학적 토의가 활발히 진행되고 있다.

생물학철학에서 다루어지고 있는 주된 문제들은 생물학의 개념, 설명방식, 이론, 그리고 연구방식은 물리과학의 그것들과 근본적으로 다른 종류의 것들인가 아니면 물리과학의 그것들로 환원될 수 있는 것인가, 생물학이 점차 화학 및 원자물리학에 합병될 것인가, 생물학에서는 목적론적 설명이 적절할 수 있는가, 과학적 탐구의 대상들에 관한 관점에서 볼 때, 생물학적 탐구의 대상인 생물에는 어떤 특별한 점이 있는가 등등이다.

의학철학(Philosophy of Medicine)

의학철학이란 생화학과 분자유전학의 개념들과 방법들이 주된 역할을 하는 생의학(Biomedical Sciences) 분야에 관한 철학적 탐구 성과들의 체계인데, 넓은 의미로의 의학철학의 한 분과인 의료윤리학(Medical Ethics)이 발달함과 아울러 최근에 전문적인 철학자들과 철학적 문제에 관심을 가지는 성향이 강한 의사들에 의하여 본격적으로 연구되고 있는 영역이다.

의학철학에서 주로 다루어지고 있는 문제들은 의학의 과학적 격위 문제 즉 의학은 과학(science)인가, 기술(art, technic)인가, 즉 의학을 과학으로 규정하는 데 어떤 문제들이 있는가와 생의학 분야에 있어서의 개념들과 방법들의 환원(reduction) 본성에 관한 문제 등이다. 그리고 의학적 탐구 행위들과 의료 행위들에 걸친 도덕적 문제에 관한 윤리학적 연구가 진행되고 있다. 특히, 최근에는 인간복제와 관련된 토의 등이 주된 관심을 끌고 있다.

d) 행동과학철학

행동과학(Behavioral Science)이란 인간 행동의 관찰에 바탕을 둔 심리학과 사회학을 가리킨다. 그리고 심리학은 자연과학과 사회과학의 경계 영역을 차지하고 있는 학문으로서 많은 자연과학적 방법들을 탐구 방법으로 채택하고 있다.

심리학철학(Philosophy of Psychology)

심리학이 철학으로부터 분리되고 점차 경험과학으로서 자리 잡게 되면서 심리학에 관한 철학이 과학철학의 한 분야가 되었다. 심리학 철학은 첫째로 '철학적 심리학'(Philosophical Psychology)이라는 이름 아래 의지(will), 사고(thinking), 정신(mind) 등과 같은 개념들을 그것들의 논리적 그리고 행동에 관한 요소들로 분석하는 일을 한다. 둘째로, 심리학철학은 정신철학(philosophy of mind)과 부분적으로 겹쳐지는데, 정신에 관하여 이야기하는 언어가 생리학 또는 신경생물학의 뇌 언어(brain language)로 환원되는지 아니면 다른 종류의 언어로 환원되는지 등 문제를 다룬다. 그리고 최근에 심리학철학은 인지심리학(Cognitive Psychology)과 인공지능(Artificial Intelligence) 사이의 관계에 대한 문제에도 관심을 기울이고 있다.

인공지능과 과학철학

인공지능이란 문제들을 지능적으로 풀 컴퓨터 프로그램들을 고안하고, 장치하고 시험하고자 하는 최근의 연구 분야이다. 그리고 어떻게 과학적 발견이 가능한가는 과학철학 문제들 중 하나였다.

그런데 최근에 이 과학적 발견의 문제가 인공지능 연구와 관련하여 관심사가 되고 있다. 주된 물음들은 어떤 종류의 과학적 발견을 함에 있어 프로그램된 컴퓨터들이 과학자들보다 나을 수 있을까, 컴퓨터가 과학적 발견을 하고, 과학적 실험을 고안하고, 과학적 설명을 제공할 수 있을까, 과학자들이 이것들을 수행할 때 컴퓨터 프로그램에 장치된 절차들을 사용할 수 있을까 등등이다.

C. 기술철학

기법(technic)들에 대한 이론적 체계를 기술(technology)이라고 할 때, 기술에 대한 철학적 탐구 결과들의 체계를 '기술철학'이라고 한다. '과학철학'에 비해 기술철학은 학문 분야로서 자리 잡음이 비교적 최근에 들어서야 이루어지고 있다. 돈 아이디는 그 이유를 서양철학의 관념론적 전통 아래 개념체계로서의 과학보다 실천적 성격이 강한 기술에 대한 경시 풍조에서 찾고 있다. 하지만 최근에 들어 유물론적 철학이 강세를 보이면서 점차 기술에 대한 철학적 관심이 자연스럽게 증대되고 있다. 물론 실천철학적 성격이 강했던 실존주의, 마르크스주의, 현상학에서는 보다 더 기술에 대한 관심이 높은 편이었다. 특히 최근에 들어 첨단 기술 그 자체 그리고 그것의 사용에 대한 윤리적 탐구, 사회·정치철학적 탐구가 활발히 진행되면서, 기술에 대한 철학적 탐구가 주요 철학 분야로 주목받기 시작했다.

기술철학에서 다루는 주된 문제들을 살펴보면, 기술의 본성은 무엇인가, 과학이 기초가 되어 그것의 응용으로서 기술인가 아니면 과학과는 다른 역사를 지니고 오히려 기술이 기초가 되어 과학이 싹트게 되었는가, 기술은 가치중립적인가 아니면 가치와 관련을 가질 수밖에 없는가, 기술이 인간의 윤리적 측면, 사회·정치적 측면과 어떻게 관련되고 어떤 통제 방식으로 작동할 수 있는가 등등이다.

4.2. 과학기술윤리 & 미학연구(Ethical & Aesthetical Studies of Science & Technology)

과학기술과 철학의 가치론 분야 즉 윤리학과 미학이 복합하여 이루어진 학문 영역에 '과학기술윤리'와 '과학에 대한 미학연구'가 있을 수 있다.

A. 과학과 윤리

자연에 관한 진리 탐구를 목표로 삼는 제반 행위 또는 그 성과들의 체계로서의 과학은 일반적으로 가치중립적이라고 주장되어 왔다. "과학이 가치중립적이다"라는 문장은 과학이 '가치들'(values)에 대해서는 전혀 아무것도 이야기하지 않는다는 것을 의미하거나 자연에 관한 진리 탐구 행위는 전혀 사회적 규범 등의 영향을 받지 않는다는 것을 의미한다. 한편 윤리, 즉 도덕은 가치 즉 도덕적 가치에 관여한다. '과학과 윤리'라는 주제 아래 다루어지는 첫 번째 문제는 앞에서 이야기한 두 번째 의미로 과학은 가치중립적일 수 있는가라는 것이다. 강한 사회구성론자는 사회적 사실(social fact)처럼 자연적 사실(natural fact)도 만들어지는 것이라고 주장하지만, 일반적으로 후자는 구성되는 것이 아니라는 주장이 대세이며, 과학은 가치중립적이어야 한다는 것이 일반적으로 받아들여지고 있다.

과학이 특히 기술과 제휴하면서 인류의 복리 증진에 막대한 역할을 수행했다는 것은 아무도 부정할 수 없겠다. 예를 들어, 수학 · 전산학 · 물리학 · 전자공학은 20세기의 총아라고 불리는 문명의 이기인 컴퓨터, 인터넷, 스마트폰 등을 안겨 주었고, 컴퓨터 과학과 인지심리

〈그림 24〉 복제양 돌리

학의 발전은 인공지능을 장착한 유능한 로봇 출현을 내다보게 해 준다. 그리고 합성화학의 발전은 합성섬유·합성수지들의 개발로 우리들의 삶의 질을 많이 향상시켰고, 항생제 등을 포함하는 많은 의약품을 개발하여 질병의 예방 및 치료에 큰 공헌을 하였다. 그리고 의공학의 발달로 인한 인공장기들의 출현은 많은 사람들의 생명을 연장시켜 주고 있다. 한편 분자생물학·유전공학의 발달은 고단백 쌀, 효모, 석유 먹는 균 개발 및 석유 풀의 유전자를 세균에 삽입시켜 원유를 생산하는 연구 등을 통하여 식량문제·공해문제·에너지문제 등의 해소에 공헌하고 있고, 인공수정·대리모·체외수정의 인공적 임신 조작 및 의약품 개발, 암 연구 등에 응용되어 복리 증진에 일익을 담당하고 있다. 더 나아가 생명의 영역에 깊이 관여하여 체세포 복제술을 활용한 복제동물 생산은 이미 이루어졌고 복제인간 생산까지를 내다보게 해 준다.

그러나 과학과 기술 행위와 성과들의 사용은 때때로 인류의 복리 증진에 역행하는 결과들을 낳기도 한다. 구소련 체르노빌 원자력 발전소 방사능 누출 그리고 최근의 일본 원전 방사능 누출은 많은 사람에게 큰 피해를 주었고, 유전에 의한 2차적 피해가 어느 정도일지 정확히 예측할 수 없는지도 모른다. 또한 각국의 경제 발전 지향적인 국가 정책에 따라 진흥된 과학기술의 무분별한 사용은 지구상의 한정된 에너지 소비를 촉진하여 에너지 고갈을 예상해야만 되는 정도의 심각한 에너지 문제, 과다한 에너지 소비와 도시화 현상을 일으켰고 더불어 발생시킨 공해문제 등은 자연의 생태계 파괴 및 인류의 생존을 위협

하게까지 되었다. 그리고 최근의 생명과학 및 유전공학의 진보는 복제인간의 출현이 머지않았음을 시사하는데 그것이 인간사회에 미칠 영향 등이 어떠한지 다양한 측면에서의 연구가 요청되고 있다. 한편, 인터넷 보급과 최근의 스마트폰 사용은 프라이버시 침해 등 부작용을 낳고 있고 해커들에 의한 범죄 행위도 이제 일상사가 되었다.

이러한 상황에서 '과학과 윤리'라는 주제 아래 과학자들의 행위 그 자체 또는 그 성과들의 이용 행위들에 관한 도덕적 문제들이 관심사가 되고 있다. 넓게는 응용윤리학(Applied Ethics)이 좁게는 생명의료윤리학(Bio-medical Ethics), 환경윤리학(Environmental Ethics), 핵윤리학(Nuclear Ethics), 정보윤리학(Information Ethics), 연구윤리(Research Ethics) 등이 이와 관련된 문제들을 다루는데, 주요 문제들은 인간의 의약품 개발 등을 위한 실험을 위하여 동물을 희생시키는 것은 비도덕적인가, 도덕적 결정을 내릴 때 동물, 식물은 물론 무생물, 생태계도 고려의 대상이 되어야 하는가, 대리모 등 인공적 임신 조작은 어떤 도덕적 문제가 있는가, 인간개체복제 또는 배아복제는 어떤 도덕적 문제를 지니는가, 인공장기 등의 시술에 따르는 의료 불평등을 어떻게 해소할 수 있는가, 환경윤리를 다룰 때 인간 위주의 윤리학과 생태윤리학 어떤 관점에서 다루어야 하는가, 핵무기 보유국들의 비보유국에 대한 핵무기 확산 금지는 정당한가, 컴퓨터·스마트폰 등 정보산업의 확대로 개인의 사적인 정보가 쉽게 타인들에게 노출되는 경우에 어떤 윤리적 문제가 있는가, 해킹은 도덕적으로 정당화될 수 있는가 등등이다.

B. 과학과 예술

과학사와 예술사를 둘러볼 때 가끔 과학과 예술이 조우하고 있지만 각각은 서로 독립적으로 상호 필요성을 느끼지 않으면서 잘 진행되어 가고 있다는 것이 일반적 믿음이다. 그렇지만 컴퓨터 관련 첨단정보기술, 산업 디자인 등의 발달에 힘입은 미디어 예술, 공상과학영화, 판타지, 광고, 전자음악, 첨단건축, 과학 동시, 과학 연극 등 새로운 문화를 비교적 쉽게 향유할 수 있는 작금에 과학기술과 예술 서로에 대한 이해 필요성이 증진하고 있음도 부정할 수 없다.

한편, 어렵고 친밀감이 덜한 이미지를 갖고 있는 과학에 대한 호기심 유발의 수단으로 우리에게 보다 더 친숙한 예술 장르—물론 과학내용을 담고 있는—의 활용은 효과적일 것으로 판단된다. 특히 직접적인 과학교육 현장에서 멀리 떨어져 삶을 영유하는 성인들에게 과학에 대한 관심과 과학적 마인드, 생활태도 등을 증진시키는 데에도 예술 장르를 통한 과학지식, 정보 보급이 한층 더 수월성을 지닐 것으로 생각된다.

〈그림 25〉『과학기술과 문화예술』

이러한 맥락에서 과학 특히 자연과학과 예술의 상호 이해 방법으로 과학과 예술이 어떤 점에서 공약 가능한가, 다시 말해서 비교 가능한가 즉 어떤 공통적인 특징을 지니는가 등이 문제로 다루어질 수 있다.

가장 돋보이는 그러한 특징은 '상상력'과 '창의성'이다. 과학은 자연에 관한 성과 있는 이해를 위하여 '과학적 방법'—'관찰과 실험', 설명 및 예측에 필요한 법칙을 얻는 '일반화의 방법', '가설의 방법'-을 사용하고 있다.

　과학철학자 헴펠에 따르면 과학에 있어 가설은 관찰된 자료로부터 끌어내는 게 아니라 관찰된 자료를 설명하기 위해 '발명'되는 것이다. 그리고 가설이 만들어지는 초기 단계에는 '상상력'이 중요한 역할을 한다. '상상'이란 외부의 자극 없이 의식 내부에서 일어나는 '직관' 즉 '통찰'이며, 감정까지도 관여하기 때문에 이성에 의한 사고 작용과 구별된다. 뉴턴은

〈그림 26〉 케쿨레(Friedrich August Kekule von Stradonitz)

"사과가 떨어지는 것을 보고 중력의 존재를 생각해 낸 것은 능동적인 상상력의 힘이었다", 달튼은 "구상적 상상력으로 원자론을 구상하였다"고 말하였다.

　가설이 발명되는 방식이 체계적 추리 과정과 아주 다르다는 점은 여러 과학사, 과학철학 책들에 소개되어 있는 화학자 케쿨레의 벤젠 분자의 구조식 탐구 이야기에서 잘 드러나고 있다. 케쿨레는 오랜 세월 동안 벤젠 분자의 구조식을 연구했으나 성공하지 못하다가, 어느 날 난로 옆에서 졸다가 해답을 찾았다. 난로의 불꽃을 지그시 바라보고 있는 그의 눈에 원자들이 뱀처럼 열을 지어 춤추는 모습이 보이는 듯했다. 갑자기 그 뱀들 가운데 한 마리가 제 꼬리를 물고 고리 모양이 되어 빙빙 돌았다. 그 순간 지금은 누구나 잘 알 정도로 유명해진 육각형의 고리로 벤젠의 분자 구조를 나타낸다는 생각이 케쿨레의 머리를 쳤던 것이다.

　한편, 케쿨레가 오랜 세월 동안 벤젠 분자의 구조식을 연구했으나 성공하지 못한 이유 중의 하나는 그때까지 분자의 구조식을 나타내

〈그림 27〉 아퀴나스
(Thomas Aquinas)

는 방식이 선형이었기 때문일 것이다. 분자 구조식을 나타내는 방식이 '육각형의 고리'인 것을 통찰해 내는 데에는 커다란 '창의성'—어떤 표현 욕구를 만족시키는 새로운 아이디어를 개발하는 것—이 필요했을 것이다. 헴펠에 의하면, 발명된 가설이—상대성가설과 양자가설이 그랬던 것처럼—그 당시의 과학적 사고방식과 근본적으로 다른 것인 경우에는 특히 그렇다.

지금까지 살펴본 바와 같이 과학적 절차, 특히 '가설의 발명'에 비추어 볼 때, '상상력'과 '창의성'이 과학 행위에 있어 얼마나 중요한지 그리고 과학의 진보에 얼마나 필수적 요소인지를 알 수 있겠다. 특히 '상상력'이 의식 내부에서 일어나는 통찰력이라는 점과 '창의성'이 '독창적' 특징을 수반한다는 점으로부터 과학 행위에 있어 '주관적'이고 '개인적'인 요소의 중요성을 인식할 수 있겠다.

플라톤, 아리스토텔레스, 아퀴나스에 따르면, 예술은 보편적인 것을 개별적인 것을 통하여 나타낸다. 아퀴나스는 아름다운 대상들이 공유하는 세 가지 형식적인 속성들을 인테그리타스[(전체적인) 통일성], 콘소난티아[조화, 균형, (각 부분들의) 질서], 클라리타스[명석성, 밝음, 광휘]라고 말했다. 그리고 제임스 조이스에 의하면, 광휘란 지상의 성질은 예술가가 '상상력'을 통해서 미적 영상을 인지한 순간에 느껴진다.

한편 20세기 초 저명한 예술철학자의 한 사람인 크로체에 의하면, 예술은 통찰 또는 직관이다. 여기서 '직관' 즉 '통찰'은 내적 감정으로부터 유발되는 '상상적'이고 비개념적인 인식이다. 예술가의 직관,

통찰 즉 상상력이 만들어 낸 이미지를 통하여 그 자신의 아름다움을 표현한다. 그리고 이 이미지는 선, 색깔, 음, 동작, 언어 등을 통하여 형상화된다. 그리고 아름다운 예술작품을 감상하는 사람들은 예술가가 지시한 방향으로 눈길을 돌려, 그가 만들어 준 구멍

〈그림 28〉 크로체(Benedetto Croce)

을 통해서 들여다보고, 자신들의 내부에 이 이미지를 재생시킨다. 이상에서 볼 때 예술행위에 있어 '상상력'은 필수적 요소이다.

예술작업의 본질적 특징 중의 다른 하나는 '창조성'[어떤 표현 욕구를 만족시키는 새로운 아이디어를 개발하는 것]이다. 미술이론가 강태희에 따르면, '발견'이란 대개 우리 눈의 습관에 가려 보이지 않던 것이 보이게 되는 것을 뜻한다. 이것은 우리들에게 익숙한 사물이나 사건을 새롭고, 이상하며, 또 계시적인 빛으로 바라보게 만드는 미술가들의 발견에도 똑같이 적용된다. 뉴턴의 사과와 세잔의 사과는 동일한 맥락의 발견이다.

회화의 경우에 구상화보다는 피카소와 같은 추상화가의 그림에서 이 특징이 현저히 드러나고 있다. '영웅', '운명' 등의 부제가 붙은 베토벤의 교향곡들, 아름다운 비유 넘치는 서정시들, 톨스토이의 소설들, <대부>, <올드 보이> 등 영화를 접할 때 우리는 예술가들의 새로운 시각을 통한 발견들을 감지할 수 있다. 또한 공상과학영화, 판타지, 미디어 예술 등은 예술가들이 발견 또는 상상을 통하여 만들어 낸 이미지를 보다 더 잘 표현하기 위하여 새로운 아이디어, 기술 등을 사용하고 있다. 예술행위는 '창조적' 절차를 필연적으로 수반한다.

〈그림 29〉 피카소
(Pablo Picasso)

과학과 예술에 관한 일반적 믿음 밑에는 과학은 지성적·이성적 작업인 반면, 예술은 감성적 작업이라는 대조적 시각이 깔려 있다. 하지만 굿맨과 예술 이론가 벨슈가 지적하듯이, 과학 행위는 '감정'까지도 관여하는 직관, 통찰, 즉 상상력과 창의성을 필수적인 요소들로 가지고 있으며, 예술 행위도 직관적·통찰적 즉 상상력을 통한 '인식'과 창조성을 필수적 요소들로 갖는다. 과학과 예술 둘 다 '상상력'과 '창조성'을 공통적인 특징들로 갖는다는 사실로부터 과학과 예술이 '비교 가능'하다. 즉 '공약 가능'하다는 것이 자연스럽게 이끌어 내어진다.

과학과 예술이 '상상력'과 '창의성'에 비추어 공약 가능하다고 할지라도 과학의 '상상'과 예술의 '상상'은 다음과 같은 점에서 차이를 지니고 있다는 사실을 간과해서도 안 된다. 과학자의 상상은 '논리적 가능성'—상상의 내용이 '모순'(어떤 것이 A이면서 A 아닌 것이다)을 함의하고 있지 않아야 함—, 뿐만이 아니라 '경험적 가능성'—상상의 내용이 자연법칙과 양립할 수 있음—을 지닐 필요가 있지만, 예술가의 상상은 논리적으로 가능하든 불가능하든, 경험적으로 가능하든 불가능하든 상관없이 펼칠 수 있다는 점이다.

그 당시 과학적 사고방식과 근본적으로 다른 창의성과 뛰어난 상상력으로 발명된 상대성가설이라 할지라도, 그 체계는 모순을 함의하고 있지 않으며, 나중에 영국의 천문학자들이 개기일식 관찰을 통해 밝혀낸 '빛이 태양 옆을 지날 때에는 굽는다'는 자연법칙이 상대성가설로부터 이끌어 낸 예측이었다는 것, 즉 상대성가설이 자연법칙과 양립할 수 있다.

물론, 우리가 논리적 가능성과 경험적 가능성을 지닌 많은 소설작품과 같은 예술작품 속에서 예술가의 상상이 논리적 가능성과 경험적 가능성을 지니고 있음을 확인할 수 있다. 그렇지만 '시간여행'을 다룬 SF 소설 또는 SF 영화와 같은 훌륭한 예술작품 속에서 예술가의 상상이 경험적으로 불가능하고 논리적으로 불가능한 영역까지 확장되어 있음을 확인할 수 있다. 과거로의 시간여행은 자연법칙과

〈그림 30〉 넬슨 굿맨
(Nelson Goodman)

양립할 수 없다. 과거로의 시간여행은 '자기가 17세기에 살고 있지 않을 때 17세기가 지나갔다는 것과 자기가 17세기에 살고 있으면서 17세기에 일어난 여러 사건에 참여한다는 것'을 둘 다 주장하는 모순을 함의하고 있다.

과학적 방법의 하나인 '가설의 방법'과 관련지어 과학자가 가설을 발명할 때 '상상력'과 '창의적 사고'가 밀접하게 관계하고 있다는 사실과 예술 행위에 있어 필수적 요소가 '상상력'과 '창조적 사고'라는 것으로부터 과학과 예술의 공약가능성을 주장할 수 있겠다.

그렇지만 파이어아벤트, 반 프라센, 아서 밀러의 주장처럼, 미래에는 과학이 결국 예술로 합병될 것이라는 주장은, 과학과 예술이 '상상력'과 '창의성' 등과 같은 특질을 토대로 공약 가능하다 할지라도, 과학과 예술 각각이 갖는 그 특질의 대조적 측면들이 있을 수 있다는 점 등을 토대로 문제 삼을 수 있겠다.

C. 과학과 문화

문화란 가장 넓은 의미로 '생활양식의 총체'이다. 다시 말해 문화란 인류에게서만 볼 수 있는 사유와 행동의 양식(생활방식) 중 유전에 의한 것이 아니라 학습에 의해 소속하는 사회(협동을 학습한 사람들의 집단)로부터 습득하고 전달받은 것 전체이다. 이 의미로는 모든 나라, 모든 시대가 나름의 문화를 갖고 있다. '수렵·채취 문화' 등이 이런 용법으로 사용된 경우이다. 이렇게 모든 나라, 모든 문화권 등이 나름의 문화를 갖고 있다는 사실에 관한 주장을 하기 때문에 이런 의미의 문화를 기술적인(descriptive) 의미의 문화라고 할 수 있겠다.

〈그림 31〉 밀러(Arthur Asher Miller)

둘째로, 문화는 평가적으로 사용될 수 있다. 다시 말해 '가치 있는 것'을 의미한다. 한자 '文化'의 뜻이나, 영어의 'culture'의 어원은 이런 의미의 문화와 밀접한 관련을 갖는다. 전자의 경우와 달리 이 의미로 모든 나라, 모든 시대가 문화적이었던 것은 아니다. '문화인' 등의 표현은 이런 의미로 사용된 대표적인 경우이다. 다시 말해 기술적 의미의 문화 가운데 가치 있고 교양 있는 것만을 추려서 문화라고 하는 경우이다. 그래서 문화의 이 둘째 개념을 협의의 문화라고 해도 되겠다.

'과학문화'의 개념은 문화의 두 개념과 평행하는 두 의미를 갖는다. 먼저 과학문화란 과학을 문화의 한 양식으로 보는 것을 말한다. 둘째로 과학문화란 기술적 과학문화 가운데 바람직한 것이나 바람직하다고 믿어지는 것을 뜻한다. 전자는 기술적 의미의 과학문화나 광의의 과학문화, 후자는 평가적 의미의 과학문화나 협의의 과학문화라 한다.

먼저 기술적 의미의 과학문화에 관해 살펴보자. 이는 '문화로서의 성격 묘사, 주제의 구체화에 기여하고 있기 때문이다. 이 영화들은 훌륭한 대본을 바탕으로 풍부한 시각적 이미지와 청각적 이미지를 끊임없이 투사한다. 서사적 구조와 장치가 돋보이는 영화임에 틀림없지만, 각 장면에 삽입된 음악은 단순한 배경의 역할을 뛰어넘어 내러티브의 전개에 큰 영향을 미친다. 이들 영화에서 음악은 인물들이 처한 상황과 주제를 전달하는 중요한 극적 장치이다. 이 책은 시각적 상징과 모티프 그리고 음악이라는 청각적 장치를 주시하면서, 영화 플롯의 전개를 논의하고 인물들의 성격과 주제를 읽어내려는 작업이다.

2017. 7. 29.
개정판을 내면서
김종환

일러두기

■ 이 책에서 인용하는 영화 <아마데우스>의 대사는 Peter
Shaffer, *Amadeus*(1984), http://sfy.ru/sfy.html?script=amadeus를
따르며, 인용은 S로 표시하고 인용 장면을 숫자로 표시한다.
<웨스트사이드 스토리>의 대사와 노래 가사 인용은 다음을
따른다. Arthur Laurents, *Romeo and Juliet/West Side Story*
(New York: Dell Publishing, 1965). <오페라의 유령> 인용은
다음을 따른다. *The Phantom of the Opera,* http://www.
angelfire.com/musicals/phantom_01/Libretto_.html

■ 이 개정판은 2013년 출판된 『음악과 영화가 만난 길에서: <아
마데우스>와 <웨스트사이드 스토리>』의 내용을 수정하고 <오
페라의 유령>에 관한 내용을 추가하여 재편성한 것이다.

과학'(Science as a Culture)을 말한다. 다시 말해, 과학은 문화이다. 과학을 문화로 본다는 말은 과학을 인간의 생활양식 전체 가운데 독특하여 구별 가능한 하나의 부문으로 본다는 말이다. 이때 과학의 핵심에는 과학적 지식이 자리 잡고 있다. 하지만 지식은

〈그림 32〉 과학문화연구센터 현판

그 자체로는 생활양식이 아니며, 따라서 이런 의미의 과학은 문화가 아니다. 우리가 문화로서의 과학을 말할 때 과학은 과학적 지식 이상의 것, 과학적 지식의 창조(또는 생산)를 둘러싼 과학자, 과학자 사회가 중심이 되어서 이를 지원하거나 규제하는 과학 법률·제도·정책·행정 및 기업과 사회, 교육 등이 빚어내는 과학적 실행과 가치관, 태도 등을 포함하는 생활양식을 말한다. 예를 들어, 과학에 관한 인포테인먼트(infortainment) 성격의 방송 프로그램도 이런 의미의 과학문화 범주에 포함된다. 다시 말해, 기술적 의미의 과학문화란 과학적 지식과 이를 둘러싼 모든 활동, 이를테면, 과학적 지식의 발견, 전달, 향유를 위한 모든 활동을 말한다.

이런 점에서 과학 이외의 과학문화라는 개념이 필요한 이유를 확인할 수 있다. 과학적 지식을 일컫는 좁은 의미의 과학은 그 자체로는 문화가 아니다. 과학은 과학문화를 성립시키는 중심축의 역할을 하지만, 그것만으로는 문화를 이루지 못한다. 이것을 둘러싸고 이루어지는 사람들의 활동과 실행 등이 더해져서 생활양식의 일부를 이룰 때, 문화로서의 과학이 가능하다. 문화로서의 과학을 말할 때, 과학은 의미가 확대되고 있다고 하겠다. 다시 말해 확대된 과학은 과학

문화와 동의어이다. 그러나 이렇게 의미 확장이 이루어지지 않은 과학 즉 과학적 지식은 과학문화의 일부를 이룰 뿐이다. 그래서 '과학'이라는 낱말의 뒤에 '문화'라는 낱말을 더하는 것이 그저 음을 맞추어 듣기 좋은 소리를 만들고자 하는 장치인 것만은 결코 아니다.

다음으로 평가적 의미의 과학문화 개념에 따르면, 과학은 문화적이다. 여기서 문화는 협의의 문화 즉 가치를 의미한다. 따라서 평가적 의미의 과학문화는 과학은 가치로운 것을 갖고 있다는 주장이다. 과학적 가치 즉 과학적 문화란 기술적 의미의 과학문화가 지향하는 가치를 의미한다. 간혹 기술적 의미의 과학문화는 가치롭지 않은 방식으로, 바람직하지 않은 방식으로 이루어질 수 있다. 하지만 기술적 의미의 과학문화가 지향하여 실현하고자 하는 가치로운 것이 있다. 그런 의미에서 과학적 가치라고 할 만한 것이 있다.

그 가치 가운데 가장 중심적인 가치는 합리성이다. 첫째, 지식의 합리성, 둘째, 사람의 합리성이다. 이를 바탕으로 우리는 과학의 합리성을 둘로 구분할 수 있다. 첫째, 협의의 과학 즉 과학적 지식의 합리성, 둘째, 과학적 실행의 합리성이 그것이다. 과학적 실행의 합리성은 과학자를 비롯한 과학 종사자, 과학 제도, 과학교육 등의 합리성을 포함한다. 과학적 지식은 합리적이나 과학 종사자나 과학 제도는 비합리적일 수 있다. 그래서 이 둘의 합리성은 구분되는 것이다. 과학적 지식의 합리성은 그 지식이 근거나 증거를 거느리고 있느냐가 관건이다. 후자의 경우 특히 사람의 합리성의 경우는 사람이 어떤 종류의 태도 다시 말해 근거나 증거에 대해 어떤 태도를 갖느냐가 관건이다. 평가적 의미의 과학문화에서 더욱 중요한 것은 후자의 합리성이다.

증거를 존중하는 정신이란 증거의 객관성에 따라 증거를 채택하거나 거부하는 정신이다. 따라서 합리성은 내가 내세운 주장일지라도 객관적인 증거에 의해 지지되지 않는다면 철회하며, 아무리 미운 사람이 내세운 의견일지라도 객관적인 증거가 보증하는 주장이라면 수용하는 열린 마음, 열린 자세를 보증한다. 증거의 객관성은 절대적인 객관성일 필요가 없다. 여기서 말하는 객관성은 간주관성(inter−subjective)이다. 이는 순전히 주관적인 것과 다르다. 나 이외의 다른 주관들과의 토의와 합의를 중시하는 객관성이다.

따라서 객관적 증거를 존중하는 합리적 자세는 타인을 향해 열린 마음이며 열린 태도이다. 이런 관점에서 볼 때 합리성은 과학에만 국한되어 의의를 갖지 않는다. 객관적 증거를 존중하는 합리성은 민주주의 핵심정신이다. 민주주의 사회란 이런 의미의 합리성이 구현된, 이런 의미의 과학문화가 구현된 사회이다.

여러 생활양식 가운데 합리성 존중의 생활양식이 평가적 의미의 과학문화이다. 그래서 기술적 의미의 문화 가운데 특별히 합리성을 가치 있다고 보고 실현하려는 문화를 평가적 의미의 과학문화, 즉 과학적 문화(Scientific Culture)라고 하겠다.

a) 과학적 태도의 매력

오늘날 과학기술이 인간 삶 다방면에 큰 영향을 미치고 있다는 것을 어느 누구도 의심하지 않을 것이다. 과학기술의 오·남용이 이따금 불행을 낳기도 하지만, 과학과 기술이 우리 삶의 편리함을 증진시켜 주고 행복을 늘려 준다는 것은 엄연한 사실이다. 그래서 대부분의 사람들이 그러한 이점이 없었던 시대로 되돌아가기를 원치 않고 원할 수도 없는 것 같다. 기술은 우리에게 직접적으로 행복을 선사하는 것으로 여겨진다. 그렇지만 대부분의 기술은 과학에 기초하고 있다. 과학 그 자체도 우리에게 자연현상과 법칙에 대한 보다 깊은 과학적 이해를 통하여 얻어지는 지적 행복을 제공한다. 일반적으로 우리는 신화와 종교의 비과학적 사변보다는 자연에 대해서 증거로 입증된 과학적 이해를 선호한다. 더군다나 정신적 또는 사회적 현상에 대해서도 과학적 접근 노력을 꾸준히 더해 가고 있다. 왜 우리는 과학적 태도에 매력을 느끼는 것일까?

먼저 과학은 세계질서에 관한 체계적 지식 완성을 추구하는 지적 행위이다. 지식은 적어도 정당화된 옳은 신념이다. 물론, 신화나 종교도 부분적으로 세계에 대한 옳은 신념의 제공을 추구한다. 하지만 신화적 또는 종교적 태도에 집착하는 오늘날의 어느 누구도 그들의 신념에 대한 의미 있는 증거 찾기에 별 관심을 갖지 않는 것으로 여겨진다. 한편, 과학적 태도의 특징 중 하나는 신념을 정당화할 수 있는 증거 찾기에 힘쓴다는 점이다. 그것은 증거를 가지고 무엇을 믿는 논리적 또는 합리적 태도이다. 그런데 재판관이 누군가를 충분한 증거 없이 유죄 판결한다면 판결이 정의롭고 공정하다고 어느 누구도 받아들이지 않을 것이다. 그런 까닭에 합리성 그리고 정의로움이 우리 생활의 덕으로 간주되는 한, 우리가 과학적 태도에 끌리는 것은 자연스러운 일이다.

둘째로, 과학적 행위에 있어 증거는 주관적인 것이 아니라 객관적 성격을 지닌다. 비록 누군가가 신 또는 외계인에 대한 생생한 사적 체험을 토대로 신 또는 외계인의 존재를 믿는다 할지라도, 그 사람이 과학적 태도를 견지하고 있는 것은 아니다. 왜냐하면, 그런 증거는 객관적이지 않기 때문이다. 물론 과학자들이 주관적 직관을 가지고 매

력적인 가설을 만들어 내기도 하지만, 그들은 객
관적 성격을 지닌 관찰과 실험을 통하여 그 가설
을 입증하기 위한 노력을 게을리 하지 않는다.
그래서 세계에 대한 형이상학적, 즉 사변적 이해
와 대조적으로 과학적 이해는 보다 더 객관적일
수밖에 없다. 과학적 태도의 기본적 요소 중의
하나는 객관성의 중요함에 대한 인식이다.

<그림 33> 고어(Al Gore)

과학의 객관성에 대한 강조로부터, 우리는 과
학적 태도가 갖는 도덕성을 감지할 수 있다. 도
덕성은 타인에 대한 고려로부터 시작되기 때문이다. 아울러 과학적
태도가 가진 분쟁 조정에 대한 유용성을 깨달을 수도 있다. 왜냐하면,
그런 조정은 객관성 존중에 기반을 둔 상호 대화로부터 성공할 수 있
기 때문이다. 그래서 과학적 태도는 우리 삶의 도덕성과 유용성 함양
에 영향을 미치고 있다. 이러한 맥락에서 최근 정치가 중 가장 과학
기술에 전문성을 지니고 있었던 미국의 고어 전 부통령이 유엔 산하
'정부 간 기후변화 위원회'와 함께 노벨평화상
수상 결정을 통보받으면서, "작금의 환경 문제는
정치적 맥락이 아니라 도덕적 맥락에서 접근하
여야 한다"고 의미 있게 주장하고 있음을 이해
할 수 있겠다.

끝으로, 종교적 태도는 종교의 기본 원리에 대
한 비판을 허용하지 않지만, 과학적 태도는 과학
의 기본 원리 그리고 그 원리 아래의 의견들에
대한 비판을 허용한다. 과학의 패러다임은 변화

<그림 34> 사하로프(Andrei
Dmitrievich Sakharov)

한다. 물론 과학에 있어 비판은 감정적 비난이 아니라 더 나은 진리 추구를 위한 건설적 반대이다. 과학적 태도의 이 특질은 개방적 성격을 지닌다. 그리고 개방성은 창조성 함양에 필수 요소이다. 그런 이유로, 개방성과 창조성의 가치를 인정하는 민주적 삶을 추구하는 우리에게 과학적 태도가 매력적일 수밖에 없다. 러시아의 참된 과학자로 불리는 물리학자 사하로프 박사가 구소련 민주화 선봉에 섰었던 것도 이러한 맥락에서 이해 가능하다.

우리의 가치 있는 삶은 지적 · 도덕적 · 예술적 · 종교적 등등의 가치 있는 행위로 이루어진다. 그러나 과학적 맥락에 종교적 · 예술적 태도를 그대로 적용해서는 안 되고 그 역도 성립하지 않는다. 왜 우리는 과학적 태도를 강의실 또는 실험실에 가두어 두어야 하는가? 우리의 일상적 삶도 이 태도를 기다리고 있지 않을까?

b) 과학문화와 창의성(혁신과 창의성)

1960년대로부터 8~90년대에 이르기까지 선진국 모방형 계획경제의 성공으로 '한강의 기적'이라는 세계적 찬사를 받으며 88올림픽을 멋지게 치러 내는 과정에서, 그 성장 동력의 하나로 우리 국민의 근면성이 자리 잡고 있었음을 자각함과 동시에 그것에 대한 자부심을 가질 수 있었다. 그렇지만 IMF 위기, 중국의 변화, IT 분야의 빌 게이츠 신화 등을 경험하면서 이제 우리도 독창적이고 자립적인 기술력 확보만이 치열한 국제 경쟁을 뚫고 선진국 대열에 합류할 수 있다는 사실을 인지하게 되었다.

이러한 상황에서 우리 사회는 우선 독창적인 과학기술 인재 양성을 위한 교육제도의 개혁, 비판적이고 창의적인 사고 증진과 뗄 수 없는 논술 열풍과 과학문화 대중화 운동, 뛰어난 상상력을 자극하는 판타지와 같은 예술장르 및 독창적인 소재를 다루는 문화 영역에 대한 사회적 관심 고조 등등 많은 변화를 추구하고 있다. 우리 사회는 마치 토마스 쿤 식의 패러다임의 경쟁, 전환의 시기에 접어든 듯하다.

한편, 국가에서도 이러한 환경 변화에 적절하게 대처할 수 있는 사회적 인프라 구축의 일환으로 '국가혁신시스템', '지역혁신시스템'이라는 기치 아래 혁신도시 건설 등을 추진하고 있다. 하지만 2007년도에 제주도 혁신도시 관련 행사에 참석한 노 전 대통령은 절실한 '혁신' 추구 정신의 와해를 걱정하며 보통 연설보다 네 배의 시간을 늘려 혁신의 중요성을 외쳤었다. 혁신의 가치 있음이 일반적으로 사회적 합의를 얻었을지라도 실행에는 상당한 어려움이 따를 수밖에 없음을 드러내 주고 있는 단면이다.

작금의 혁신이 지향하고 있는 이념들 중의 하나는 '창의성'이다. 가치공학은 '창의성'을 "어떤 표현 욕구를 만족시키는 새로운 아이디어를 개발하는 것"이라고 정의한다. 미술이론가 강태희 교수의 설명—미술가의 발견이란 익숙한 사물이나 사건에 대하여 미술가가 새롭고, 이상하며, 또 계시적인 빛으로 바라봄으로써 우리 눈의 습관에 가려 보이지 않던 것이 보이게 되는 것—속에서 예술가들의 창의성을 확인할 수 있다. 그리고 뉴턴역학이나 아인슈타인의 상대성이론 등 초기 가설의 발명 단계에서 경험과 이성에 바탕을 둔 사고뿐만 아니라 과학자들의 구상적 상상력, 통찰력까지를 포함한 창의적 사고가 얼마나 중요한 역할을 수행하였는가를 우리는 충분히 인식하게 되었다.

로베르트 졸라이는 전 세계 컴퓨터들을 인터넷으로 연결시키는 길을 열어 놓았던 이더넷의 개발자인 로버트 멧칼프의 말 "발명이 꽃이라면, 혁신은 잡초다!"를 "발명이 반짝이는 아이디어 그 자체라면 혁신은 그 아이디어에서 퍼져 나온 영감에 불과하다"로 해석하였다. 수많은 혁신이 호기심, 성실성과 열정, 용기 있는 도전 정신 그리고 자유롭고 창의적 열린 시각, 건설적인 비판적 사고 등을 수단으로 발명의 천재들이 짧거나 아주 오랜 시간에 걸쳐 쌓아 놓은 아이디어가 이미 존재하였기에 가능했다는 것이다.

혁신에 내재되어 있는 발명의 조건들 중에 창의적이고 비판적인 사고가 현시점의 우리 사회에서 절실히 요구되고 있는 것으로 판단된다. 한강의 기적을 낳을 때까지 발명의 조건들 중에 앞의 세 가지는 우리가 경험 가능하였지만, 뒤의 두 가지는 기적을 위해 뒤로 미루어 놓았던 자유민주주의 정신에 수반되어 있는 특징이기 때문에 우리는 아직 경험하지 못했다. 자유민주주의는 방종과 이기주의가 아니라 합리성과 개인주의를 바탕으로 하기 때문이다. 그리고 건전한 자유민주주의는 다수의 횡포가 아니라 전문성이 존중받아야 유지될 수 있다.

4.3. 과학형이상학연구(Metaphysical Studies of Science)

A. 과학적 세계관과 인간관

오늘날 우리 삶에 과학 및 기술이 직간접으로 많은 영향을 끼치고 있다는 것을 어느 누구도 부정하지 않을 것이다. 이런 환경에 어울리게 우리가 '세계'와 '인간'을 어떻게 포괄적으로 이해해야 되는가는 철학의 한 분과인 형이상학의 의미 있는 작금의 문제이다.

현대 자연과학과 기술의 발달을 토대로, 과학적 철학(Scientific

Philosophy)의 관점에서 타당한 '세계관'과 '인간관'을 구성해 보자.

〈그림 35〉 김재권

과학과 친숙한 '과학적 철학'이란 사변철학에 맞서는 20세기의 새로운 철학으로 과학처럼 논리성과 실증성에 기반을 둔 학문으로서의 철학인데, 앞의 4.1. A에서 살펴보았듯이, 과학의 발달에 따른 새로운 과학적 발견들이 여러 전통적인 철학의 문제들에 대해 어떤 영향 또는 해답을 주는가에 대해서 연구한 성과들을 체계적으로 모아 놓은 것이다.

그렇다면 과학적 철학의 입장에서 '세계'와 '인간'을 어떻게 이해해야 되는가? 그리고 과학적 철학의 관점에서 '세계'와 '인간'을 그렇게 규정하는 것에 대한 이유는 무엇인가? 전통적으로 '세계'란 용어는 "사람이 살아가는 과정에서 관계를 맺고, 보고, 생각하는 주변의 모든 사물과 현상 그리고 자기 자신을 포함한 것"을 의미한다. 즉 '존재하는 모든 사물현상들의 총체'가 세계인 것이다.

'세계' 즉 '존재'란 무엇인가에 대한 물음에 전통적으로 '관념론'과 '실재론'이 각각 답을 제공하고자 시도해 왔는데, 플라톤과 같은 관념론자는 참존재란 '관념'이라고 믿었고, 유럽 대륙의 관념주의자들은 '물질'과 '정신' 중에 정신적인 것이 더욱 존재의 본질적 속성을 드러낸다고 믿었다. 하지만 실재론자는 이 세계가 정신적인 것과 물질적인 것 두 가지로 이루어져 있다고 믿는다. 그리고 '유물론'은 물질적인 것이 더욱 존재의 본질적 속성을 드러낸다고 믿는데, 김재권 같은 유물론자는 정신적인 것은 물질적인 것에 '수반'되고 '환원'된다고

〈그림 36〉 포이에르바하
(Ludwig Feuerbach)

믿는다. 다시 말해 물질적인 것이 존재의 기본적 속성이고 정신적인 것은 물질적인 것에, 포이에르바하의 말처럼, 의존하거나, 환원되는 이차적 성격을 지닌다는 것이다.

과학적 철학에서의 세계관은 유물론적 세계관이다. '세계' 즉 '존재'에 대한 유물론은 앞서 말한 것처럼 물질이 일차적인 것이고 의식, 정신 그리고 사유는 그것에서 파생된 것으로 이해한다. 물질은 의식에서 독립된 객관적 실재이고 감각의 객관적인 원천이다. 물질은 감각을 통하여 모사되고 인식된다.

한편, 의식은 물질의 한 발전단계인 특정한 유기적 물질 즉 뇌수의 소산으로 이해된다. 다시 말해, 인간의 정신은 육체의 일부인 뇌와 독립적으로 존재하는 것이 아니라 뇌 활동의 소산이다. 즉 정신은 육체에 수반된다. 따라서 어떤 사람의 뇌 활동이 정지되면 그/그녀의 정신은 더 이상 존재하지 않는다.

그렇다면 왜 과학적 철학은 '세계'와 '인간'을 그렇게 규정하는가? 이 철학이 친숙한 근현대 과학은 물질과학 즉 물리학과 화학의 발전으로 시작되었다. 경험과학의 영역에서 선두 주자로 학문의 이상인 '지식들의 연역체계화'를 달성한 뉴턴물리학, 이어서 전자기학, 아인슈타인의 상대성이론, 양자역학 등의 발전 성과는 '세계'에 대한 괄목할 만한 이해를 우리에게 안겨 주었다. 이러한 과학의 응용기술은 '산업혁명', '정보화혁명'을 통하여 우리에게 막대한 물질적·정신적 행복을 선사하였다는 것을 어느 누구도 부정하지 않을 것이다(물론 부작용도 존재하지만).

한편, 화학에서 많은 법칙들이 발견되었고 멘델레예프에 의해서 원소주기율표가 완성되었다. 그리고 분석과 합성의 방법으로 물질들의 화학구조를 파악하게 되었다. 그런데 이러한 물질과학의 법칙들은 인과관계를 기술하고 있는데, 자연의 규칙성은 신과 같은 초월자가 원거리에서 조정하고 있는 것이 아니라, 어떤 결과는 시공간적으로 근접한 원인에 의해서 일어난다는 기계론적 신조가 밑에 깔려 있다.

생명과학의 영역에 기계론적 신조가 침투하여 다윈의 진화론이 등장하게 되었다. 인간을 비롯한 생명체는 오랜 시간에 걸친 진화의 산물이다. 그리고 생물체에 대한 화학적 물질분석 결과는 생체가 자연 무생물계를 구성하고 있는 원소들과 똑같은 원소들로만 구성되어 있고, 생체에만 독특하게 존재하는 이른바 생체원소라는 것은 존재하지 않는다는 사실을 알려 주었다. 결국 인간을 비롯한 생명을 갖는 생물체도, 신이 특별히 선사한 의미로서의 생명을 갖는다는 생기론적 사고를 버리고, 자연에 존재하는 원소들로만 구성되어 있는 일종의 기계적 존재 또는 대단히 복잡한 물리－화학적 물체에 지나지 않는다는 것이다. '생물학의 용어와 법칙'이 모두 '물리－

화학적 용어나 법칙'으로 환원이 가능한지에 대해서는 논란의 여지가 남겨져 있다 하더라도, '기계론'이 생물학에 있어 '발견에로 이끄는 격률' 즉 '연구의 진행을 이끄는 지도 원리'라는 점은 인정할 만하다.

20세기 급속히 발전한 분자생물학의 '생명물질론'에 따르면 "생명이라는 것은 여러 가지 물질의 특수한 집합상태에서 필연적으로 나타나는 물리－화학적 현상"이라는 것이다. 생체 내의 물질대사나

〈그림 37〉 로봇

유전현상이 이미 기계론적으로 물질의 바탕에서 해명되었고, 실험심리학 등에서는 사고, 기억 등의 정신활동도 물질적으로 분석이 시도되고 있다. '인공지능' 연구자에 따르면, 20세기 들어 시작의 단계이기는 하지만 인간의 '감정', '욕구', '의도'에 대해서도 물질론적·기계론적 연구가 진행되고 있고, 인간의 그러한 요소들에 바탕을 둔 판단과 유사한 판단력을 갖는 기계들이 만들어지고 있다 한다. 한편, 분자생물학자에 따르면, 생명에 대한 물질론적·기계론적 연구에 힘입은 유전자 조작 등을 통하여 자연생태계에는 존재하지 않았던 인공생명체를 합성하는 데에도 많은 성공을 거두고 있다 한다. 따라서 근현대 물리학·화학·생물학 특히 분자생물학의 발전은 '세계'와 '인간'에 대해 우리에게 수준 높은 이해를 선사하였고, 그 과학적 이해 밑바탕에는 유물론이라는 형이상학적 신조가 깔려 있었다. 다시 말해, 과학적 철학이 제공한 '유물론적 세계관과 인간관'은 그 철학이 친숙한 근현대 과학의 발전, 성과에 힘입은 바가 크다.

유물론적 세계관 그리고 인간관을 함의하고 있는 생식보조기술의 하나인 '체외수정'(IVF)을 통하여 '시험관 아기'를 생산하고 있는 것은 이제 너무 흔한 일이다. 그리고 그렇게 생산되어 성장한 인간은 신이 영혼, 즉 정신을 불어넣어 주지 않았음에도 불구하고, 자연 생산되어 성장한 인간과 다름없이 정신을 소유하고 있다는 것은 명백한 사실이다. 이 상황에서 우리는 신이 불어넣어 주고 거두어 간다는 '육체와 독립적인 실체로서의 정신'을 상정할 필요가 없는 것으로 생각한다. 왜냐하면 그러한 가정, 다시 말해 '그러한 정신이 존재한다는 가설'이 그르다는 것이 명백히 밝혀지기가 힘들다 하더라도, 그 가설을 선택하는 것은 두 가설이 경쟁하고 있을 때 적어도 단순한 가설을 선택하는 것이 경제적으로 합리적이라는 '단순성의 원리'를 위반하고 있기 때문이다.

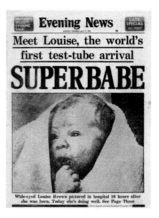

한편 신만이 주관하는 독립적 실체로서의 정신을 받아들인다면 우리가 시험관 아기 생산을 시도할 필요가 있었을까? 그렇게 태어날 아기는 '정신이 없는'(mindless) 시체와 같은 존재일 것인데, 하지만 시험관 아기들은 성장하여 너무나도 우리와 똑같은 정신적 활동을 하고 있지 않은가? 이러한 사실에 대한 '최선의 설명'(the best explanation)은 '유물론적 인간관'이

〈그림 38〉 첫 시험관 아기

잘 제공해 주고 있다는 것을 어느 누구도 의심치 않을 것이다.

최근에는 복제양 돌리를 만드는 데 사용한 '체세포 핵이식' 기술을 생식보조기술로 활용하여 복제인간을 생산해 낼 가능성도 내다보게 되었다. 물론 현재 시점에서는 자연인간에 버금할 만큼 정상적 삶을 누릴 수 있는 복제인간을 생산하기 위해서는 극복해야 할 여러 과학기술적 난관이 존재한다. 그리고 이러한 상황에서 복제인간에게 입힐 피해 등을 고려할 때 복제인간 생산은 아직 도덕적으로 정당화될 수 없음도 엄연한 사실이다. 물론 과학기술적 난관 등이 극복되어 복제인간에게 피해를 입힐 가능성이 희박해졌을 때에는 복제인간 생산이 도덕적으로 정당화될 수 있을 것이다. 이 복제인간을 생산하는 데 사용할 생식보조기술인 '체세포 핵이식' 기술도 '체외 수정'의 경우와 같이 '유물론적 인간관'을 함의하고 있다.

생식보조기술을 활용하여 정상적으로 아기를 가질 수 없는 가정에 아기를 갖게 해 주는 것은 행복 증진에 기여하는 바가 크다고 하겠다.

그리고 그러한 기술이 유물론적 세계관과 인간관을 바탕에 두고 있다는 점을 생각하면 그러한 세계관과 인간관이 우리 삶의 행복 증진에 크게 기여하고 있다는 것을 어느 누구도 부정할 수 없을 것이다.

한편, 유물론적 세계관과 인간관에 바탕을 둔 과학기술이 우리 삶을 궁극적으로는 파멸로 몰고 갈 것이라는 우려가 제기되기도 하지만, 실제로 그러한 우려가 기우에 지나지 않겠지만, 사실 그러한 우려의 참된 원인은 유물론적 세계관과 인간관에 바탕을 둔 과학기술의 발달에서가 아니라 그러한 과학기술 성과를 오용, 남용하는 데에서 찾아야 하지 않을까? 과학기술의 발달을 억제할 수 없고, 필요도 없으며, 그 성과가 오용, 남용되는 것을 막고자 노력하는 것이 올바른 선택이라고 생각한다.

고등동물의 하나인 인간의 뇌 활동 소산으로 갖게 된 이른바 정신이 학문·도덕·법·예술·종교 등 문화를 창조하여 우리의 삶이 한층 더 풍요롭게 되었다는 것을 어느 누구도 부정하지 않을 것이다. 즉 앞에서 열거한 문화 영역 각각은 고유의 가치를 지니고 있다고 하겠다. 그리고 그러한 문화 창조는 인간으로 하여금 자신들에 대한 자부심 함양의 근거도 되어 주었다. 하지만 이 모든 사실이 우리가 유물론적 세계관과 인간관을 갖는 것과 어떤 충돌도 일으키지 않는다는 것을 인식하는 것이 중요하다고 생각한다.

B. 과학과 종교

과학과 종교는 인류 문화의 커다란 두 국면들이다. 종교는 인간의 정신적 역사가 있는 때에는 항시 존재하였고, 과학은 고대의 그리스와 이슬람 세계에서 부분적으로 발달하다가 16세기에 들어 그 중요성이 크게 강조되었는데, 근현대에 이르러 기술과 제휴하면서 사회에 커다란 영향력을 갖게 되었다.

〈그림 39〉 유가와 히데키

'과학과 종교'라는 주제 아래 다루어지는 문제들은 과학과 종교는 근본적으로 어떤 차이가 있는가, 과학과 종교는 대립적인가, 그렇다면 어떤 점들에서 그러한가, 과학과 종교는 반드시 대립적이어야 하는가, 종교적 자연관은 과학 연구에 어떻게 영향을 주고 있는가 등등이다.

과학 이론들은 비판 및 반박이 허용되어 있고, 그 점이 과학의 진보를 가져왔다. 반면에 종교적 신조들은 비판이 허용되어 있지 않아 왔다. 종교가 지식이 아니라 신념들의 집합 또는 느낌(feeling)의 한 방식이라면, 지적 작업의 산물인 과학은 종교와 대립적일 필요가 없겠다. 기독교적 자연관은 과학자들의 자연법칙 발견 노력을 부추겼다. 한편, 도교 또는 불교적 자연관과 최근의 과학적 발견 및 성과들 사이의 관계를 조명해 보고자 하는 연구도 일어났다. 예를 들어, 카오스 이론이 미국에서 시작하였지만 인도, 한국 과학자들이 더욱 관심을 가진 이유에는 인도, 한국인들의 자연관과의 친밀성에 있지 않을까. 한국에서는 한때 '카오스 세탁기'라는 상품명을 가진 세탁기가 제작・판매된 적 있다. 일본에서 처음 노벨상을 받은 유가와 히데키는 중간자이론이 동양 한학에 밝았던 그의 할아버지 가르침에서 영향받은 바도 있다고 말했었다. 그리고 초기에 로봇 공학에서 일본이 앞서 갔던 이유를 신, 인간, 인공물을 단절적으로 보지 않는 동양적 자연관과 연관을 시키기도 한다.

정광수 ─────────────────────────────

전북대학교 STS 미래사업단장
전북대학교 과학문화연구센터(SCRC) 센터장
현) 전북대학교 자연과학대학 과학학과 교수
　　한국과학철학회 편집인

『과학학 개론』(공저, 2001)
『한국의 과학문화』(공저, 2003)
『과학기술과 문화예술』(공저, 2010, 2011년도 대한민국학술원 선정 우수학술도서)

「인간개체복제에 대한 윤리적 검토」, 『과학철학』 4권 1호 2001
「첨단 정보기술사회의 프라이버시 문제」, 『범한철학』 38집 2005
「해킹에 대한 윤리적 검토」, 『범한철학』 46집 2007
「과학과 예술의 공약가능성과 한계」, 『과학철학』 12권 2호 2009
「과학적 세계관과 인간관」, 『범한철학』 60집 2011

외 다수

과학
기술
철학
연구

초판인쇄 | 2013년 1월 25일
초판발행 | 2013년 1월 25일

지 은 이 | 정광수
펴 낸 이 | 채종준
펴 낸 곳 | 한국학술정보㈜
주   소 | 경기도 파주시 문발동 파주출판문화정보산업단지 513-5
전   화 | 031) 908-3181(대표)
팩   스 | 031) 908-3189
홈페이지 | http://ebook.kstudy.com
E-mail | 출판사업부 publish@kstudy.com
등   록 | 제일산-115호(2000. 6. 19)

ISBN   978-89-268-4040-5 03160 (Paper Book)
          978-89-268-4041-2 05160 (e-Book)

이담 ͡ 는 한국학술정보(주)의 지식실용서 브랜드입니다.

이 책은 한국학술정보(주)와 저작자의 지적 재산으로서 무단 전재와 복제를 금합니다.
책에 대한 더 나은 생각, 끊임없는 고민, 독자를 생각하는 마음으로 보다 좋은 책을 만들어갑니다.